投服中心系列丛书
China Securities Investor Services Center

持股行权案例评析

2020年

郭文英◎主编

Cases Review of Shareholding for Voting Program

法律出版社
LAW PRESS·CHINA

编辑委员会

持股行权案例评析

Cases Review of Shareholding for Voting Program

总　序

2018年金秋，中证中小投资者服务中心（以下简称投服中心）主编的“投服中心系列丛书”终于与大家见面了。投服中心是中国证监会直属的证券金融类公益机构，成立3年来，不忘初心，始终坚守保护中小投资者合法权益的使命，积极探索投资者保护新路径，努力引导投资者理性投资、全面知权、积极行权、依法维权。“投服中心系列丛书”的出版是对“知权、行权、维权”工作的一个总结，希望借此契机能凝聚一批法学学者、市场实务人士等专家对资本市场的热点难点问题进行长期的探讨研究。

自2014年成立以来，投服中心在中国证监会党委的领导和部署下，在证监会投资者保护局的指导和相关部门、各派出机构的支持下，在证监会系统兄弟单位和社会各界的大力支持下，从中小投资者权益保护和救济诉讼的实际需求出发，创新了一套适合我国资本市场中小投资者保护的机制和实现路径——以投资者教育工作为基础，通过事前持股行权、事中纠纷调解、事后支持诉讼来切实维护广大中小投资者的合法权益。投资者是资本市场发展的重要基石，培育良好的投资者群体，保护好广大中小投资者合法权益，是促进资本市场健康发展的重要一环，直接关系维护社会的公平正义，直接关乎亿万人民群众的切身利益。但中国资本市场的中小投资者既是数量上的多数，又是专业知识、投资理念、维权能力等方面的“弱势少数”，因此，中小投资者合法权益时常受到漠视甚至侵害。长期以来，中小投资者权益保护问题既是资本市场的一个宏观问题，又是要落实到每位投资者身上的微观问题。如何从立法层面更细致地规定中小投资者保护的内容，形成法律、行政法规、部门规章及操作性指引；如何从司法层面推动示范判决制度、探索强制调解机制等制度的建设；如何从监管层面创新机制，加大对侵害中小投资者合法权益的违法违规行为的打击和惩罚力度,更多地保护中小投资者的合法权益;如何帮助中小投资者树立权利意识,建立长期投资、价值投资理念,强化风险意识,提高维权能力。这些问题的解决都不是一蹴而就的,我们需要扎根于中国资本市场的土壤,需要政策、法律的研究,需要投保机制的创新,需要与广大中小投资者面对面地交流。为此,投服中心出版系列丛书,以投服中心工作为蓝本,研究了一些热点问题,探索了一条"投服模式"的投资者保护道路,积累了一些经验分享给读者。

"投服中心系列丛书"由《投资者权益知识读本》《持股行权案例评析》《纠纷调解案例评析》《支持诉讼案例评析》《投服研究》等书组成。其中《投资者权益知识读本》登载的"权益360"系列文章,根据我国资本市场和广大投资者的实际情况,接地气、聚人气,本着知识性、实用性、趣味性的宗旨,为投资者普及权益知识。《持股行权案例评析》《纠纷调解案例评析》《支持诉讼案例评析》汇集了投服中心持股行权、纠纷调解及支持诉讼工作中具有代表性的实际案例,旨在进一步发挥投服中心的示范引领作用,唤醒广大中小投资者的股东意识,督促上市公司提高依法运营水平;以及进一步探讨在全国范围内的建立调解合作、小额速调、诉调对接、证券支持诉讼示范判决等机制。《投服研究》选取了投服中心课题中较为突出的研究报告,包含投资者交易行为研究、上市公司章程反收购条款效力研究、证券市场投资者保护条例等一系列资本市场热点、难点问题的研究。"投服中心系列丛书"综合了普及性、专业性及学术性的特点,面向广大投资者、上市公司及专家学者等群体,期望与其一道共同推动中小投资者权益保护工作。

我们希望,"投服中心系列丛书"是一涓细流,能不断汇集中国资本市场土壤上的经验与创新机制,不断丰富学术理论,不断普及权益知识。我们相信,中国中小投资者保护事业能在资本市场各方的努力下,共同谱写新的篇章。

2018年8月

前　言

2019年我国资本市场全面深化改革，科创板设立、注册制试行，创业板重组上市解禁，沪伦通、中日ETF互通等九大开放举措相继落地，发行上市、并购重组、再融资等新政出炉，进一步提升了资本市场的包容度，也对投资者保护工作提出了更高要求。

在此背景下，投服中心对持股行权工作进行调整，确定了2019年工作方向，即始终将践行持股行权业务的人民性作为基本的政治站位，以中小投资者投身于资本市场中的根本利益诉求为出发点，围绕中小投资者利益痛点问题，示范引领广大中小投资者行使建议权、质询权、查阅权、表决权、诉讼权、股东大会召集权等股东权利，力促上市公司提升质量，回报投资者。

投资者买入上市公司股票的根本诉求是分享公司成长的成果，实现资产的保值增值。围绕上述诉求，投服中心对可能损害投资者分红收益和持股权益的事项，以专项行动和个案行权相结合的方式开展持股行权工作。一是重点针对47项资产收购事项，围绕标的公司的盈利能力，从宏观经济、行业发展、周期性等维度，质询标的公司估值是否偏高、业绩承诺能否实现、是否涉及利益输送等；二是针对公司章程中分红制度不完善，集中向百余家上市公司发函，建议优化投资者回报机制；三是针对上市公司收购的轻资产公司在承诺期后业绩断层、大额计提商誉减值现象开展专项行权，直观展示业绩断层损害投资者权益的路径，质询独立董事是否勤勉尽责；四是针对变更业绩承诺、违规担保、资金占用等事项，督促上市公司采取措施消除侵权行为的影响。

为进一步提升行权工作的广度和深度，投服中心2019年也探索了新的行权方式。例如，针对中毅达(股票代码:600610)董事监事集体失联、公司治理缺位、面临退市风险事件,首次联合其他股东召集上市公司临时股东大会,推动形成新的董事会、监事会;又如,实现“中国投资者网”行权专栏与上交所“e 互动”、深交所“互动易”平台的同步对接,畅通网上行权功能,2019 年大部分非现场的质询建议通过网上行权的方式展开,共计 137 次。

行权活动或警示上市公司等相关主体既往侵权行为的危害,或阻止新的侵权行为,促进上市公司与投资者之间的信息沟通,完善上市公司治理,有效地保护了投资者权益。为强化持股行权的示范引领效果,投服中心选取了 2019 年的典型行权案例,编撰了《持股行权案例评析(2020 年)》,行权案例按照内容分为重组上市,关联交易下的资产购买(出售),非关联交易下的资产购买(出售),重组业绩承诺未实现或变更,商誉减值、公司章程、资金占用等个案行权,类案公开发声,联合股东召开临时股东大会等 7 个部分。此外,为夯实持股行权工作的理论基础,聘请外部机构研究的“重大资产重组中的中小投资者保护研究”“独立董事独立性与法律责任研究”两项课题的研究成果也一并予以刊发。

本书难免存在错漏之处,希望大家批评指正,也希望读者能把投服中心持股行权的信息传递给更多的投资者。

目　录

第一篇

持股行权案例

Cases Review of Shareholding for Voting Program

案例1　爱旭科技借壳ST新梅上市

2019年1月8日，上海新梅置业股份有限公司（以下简称ST新梅，股票代码为600732）公告了《重大资产置换及发行股份购买资产暨关联交易预案》（以下简称《ST新梅重组预案》），拟通过重大资产置换及发行股份的方式收购标的公司广东爱旭科技股份有限公司（以下简称爱旭科技）100%的股权，本次交易构成重组上市。

一、案例简介

（一）上市公司基本情况

ST新梅成立于1996年，于1996年8月16日在上海证券交易所上市交易。发布《ST新梅重组预案》时，ST新梅股价为5.12元/股，总股本为446,383,080股，总市值22.85亿元。在本次交易前，ST新梅控股股东为上海新达浦宏投资合伙企业（有限合伙）（以下简称新达浦宏），持股比例为22.05%，实际控制人为朱某东、李某军、王某华三人。

ST新梅的主营业务为房地产开发与经营，收入源于房产销售和物业租赁。报告期内，上市公司自行开发并销售的房产项目为江阴新梅豪布斯卡项目，同时也销售子公司上海新梅房地产开发有限公司（以下简称新梅房产）所持有的物业。在物业租赁运营方面，上市公司重点开展商用物业和科技园区物业的租赁运营，商用物业租赁项目为子公司新梅房产所持有的位于上海市×××路×××号的新梅大厦；科技园区物业租赁运营项目为整体经营性租赁物业××路××号×号楼。其两年及一期的财务状况和经营成果如表1-1-1所示。

表1-1-1 ST新梅基本财务指标

单位:万元

项目	2018年9月30日	2017年12月31日	2016年12月31日
总资产	53,337.37	53,088.18	66,353.50
总负债	7220.89	6459.14	25,853.35
股东权益	46,116.47	46,629.04	40,500.15
项目	2018年1~9月	2017年	2016年
营业收入	2781.78	4592.53	20,023.10
利润总额	-710.09	7570.52	3874.86
净利润	-757.27	6128.89	2561.48

(二)标的公司基本情况

爱旭科技成立于2009年11月,本次重大资产置换及发行股份购买资产的交易对方为陈某、义乌奇光股权投资合伙企业(有限合伙)(以下简称义乌奇光)、天津天创海河先进装备制造产业基金合伙企业(有限合伙)(以下简称天创海河基金)、珠海横琴嘉时企业管理合伙企业(有限合伙)(以下简称珠海横琴嘉时)、江苏南通沿海创业投资基金(有限合伙)(以下简称南通沿海创投)、江苏新材料产业创业投资企业(有限合伙)(以下简称江苏新材创投)、江苏疌泉金茂新材料创业投资合伙企业(有限合伙)(以下简称金茂新材创投)、深圳天诚一号投资企业(有限合伙)(以下简称深圳天诚一号)、段某光、邢某杰、谭某龙,具体持股情况如表1-1-2所示。

表1-1-2 爱旭科技股权关系结构

股东姓名/名称	持股数量(万股)	持股比例(%)
陈某	6940.4100	47.22
义乌奇光	6075.7900	41.34
天创海河基金	678.7320	4.62
珠海横琴嘉时	356.1000	2.42
南通沿海创投	155.5560	1.06
江苏新材创投	155.5560	1.06
金茂新材创投	133.3330	0.91
深圳天诚一号	111.1110	0.75
段某光	55.5500	0.38

续表

股东姓名/名称	持股数量(万股)	持股比例(%)
邢某杰	17.6768	0.12
谭某龙	17.6768	0.12
合计	14,697.4916	100.00

本次交易完成后,上市公司将持有爱旭科技100%的股权,交易对方将成为上市公司的股东。

爱旭科技主要从事晶硅太阳能电池的研究、制造、销售和售后服务,是全球排名前列的专业光伏电池制造商。《ST新梅重组预案》披露时爱旭科技的审计、评估工作尚未完成,《ST新梅重组预案》仅披露了其未经审计的经营数据,如表1-1-3所示。

表1-1-3　爱旭科技基本财务指标(未审计)

单位:万元

项目	2018年12月31日	2017年12月31日	2016年12月31日
总资产	432,375.83	283,312.02	94,118.48
总负债	278,573.71	186,005.08	69,210.65
股东权益	153,802.13	97,306.94	24,907.83
项目	2018年	2017年	2016年
营业收入	408,467.98	197,823.53	157,809.62
利润总额	40,716.46	11,463.31	11,726.62
净利润	35,304.01	10,561.13	10,111.82

(三)重大资产重组方案精要

本次交易方案包括重大资产置换和发行股份购买资产,且两者互为前提、共同实施。

1.重大资产置换

上市公司拟将除保留资产外的全部资产、负债及业务作为置出资产,与爱旭科技的全体股东持有的爱旭科技整体变更为有限责任公司后100%股权的等值部分进行置换。保留资产为上市公司持有的一项名为“600732.com.cn”的域名资产。以2018年12月31日为评估基准日,本次交易拟置出资产的预估值约为5亿元,本次交易拟置入资产的预估值不高于67亿元。交易各方同意,置出及置入资产最终交易价格以具有证券期货业务资格的评估机构出具的相关评估报告载明的评估价值为依据,由交易各方协商确定。

2. 发行股份购买资产

在本次交易中,拟置出资产的预估值为 5 亿元,拟购买资产的预估值不高于 67 亿元,上述差额 62 亿元由上市公司以发行股份的方式向爱旭科技的全体股东购买。本次发行股份购买资产的定价基准日为上市公司第七届董事会第七次临时会议决议公告日,本次发行股份购买资产的股份发行价格为 3.88 元/股,不低于定价基准日前 60 个交易日股票均价的 90%。据此计算,上市公司向爱旭科技全体股东发行股份的数量为 159,793.81 万股,最终发行数量以上市公司股东大会批准并经中国证监会核准的数量为准。

3. 交易构成重大资产重组

本次交易的拟置入资产为爱旭科技 100% 的股权,爱旭科技截至 2018 年 12 月 31 日未经审计的资产总额、资产净额及 2018 年营业收入占上市公司同期经审计的合并财务报表相关指标的情况如表 1-1-4 所示。本次交易构成重大资产重组。

表 1-1-4　爱旭科技相关指标的比例

单位:万元

财务数据	上市公司	爱旭科技	交易金额	计算依据	指标占比(%)
资产总额	53,088.18	432,375.83	670,000.00	670,000.00	1262.05
资产净额	44,784.89	153,802.13	670,000.00	670,000.00	1496.04
营业收入	4592.53	408,467.98	—	408,467.98	8894.18

4. 交易构成重组上市

在本次交易中,因控制权发生变更且拟置入资产的相关指标超过上市公司截至 2017 年 12 月 31 日及 2017 年度相关指标的 100%,购买资产发行的股份占上市公司本次交易首次董事会决议公告日前 1 个交易日的股份的比例超过 100%,且本次交易将导致上市公司主营业务发生根本变化,所以本次交易构成重组上市。

5. 业绩承诺及补偿

根据《业绩承诺补偿协议》的约定,业绩承诺人承诺在本次重组实施完毕后,爱旭科技在 2019 年、2020 年和 2021 年实现的净利润分别不低于 4.38 亿元、7.40 亿元和 9.00 亿元,相关净利润为经审计的扣除非经常性损益后归属于母公司股东的税后净利润。若本次重组未能在 2019 年 12 月 31 日(含当日)前完成,则前述期间将往后顺延为 2020 年、2021 年、2022 年。

二、案 例 分 析

（一）行权过程

2019 年 1 月 14 日投服中心参加了 ST 新梅重大资产重组媒体说明会。现场，投服中心针对本次交易估值是否充分考虑政策风险和毛利率下滑的风险，标的公司的竞争优势以及发行股份定价的合理性等提出问询。2019 年 9 月，ST 新梅完成本次重组。

（二）行权内容分析

1. 估值是否充分考虑政策风险和毛利率下滑的风险

《ST 新梅重组预案》披露，上市公司拟通过资产置换和发行股份的方式收购标的公司爱旭科技 100% 的股权，本次交易构成重组上市。爱旭科技属于光伏行业，主要产品为太阳能晶硅电池，本次交易采取收益法评估，标的资产的预估值不超过 67 亿元。爱旭科技 2016 年至 2018 年分别实现扣除非经常性损益后归属于母公司净利润（以下简称扣非后归母净利润）8885 万元、9069 万元和 2.56 亿元，预计 2019 年至 2021 年实现的扣非后归母净利润不低于 4.38 亿元、7.40 亿元和 9.00 亿元，合计 20.78 亿元，3 年年均复合增长率为 51.96%，属于较高水平。光伏行业存在周期性，其周期性波动主要源于供需关系中的需求端，而需求端对政策的依赖性较大，从光伏行业历史情况来看，中国光伏产业在 2008 年和 2011 年均曾经历低谷阶段，2018 年“5·31”新政出台后，国家将通过降补贴限规模倒逼行业产业升级，随即产业链中多项产品的价格出现“断崖式”下跌，虽然近期的政策调整使行业景气度有所好转，但从长期来看，光伏产业受政策影响波动风险显著，企业实现长期持续增长较为困难。公司应说明在预测盈利和估值的时候是否充分考虑了政策风险导致的行业周期性波动。

此外，在钝化发射极及背接触电池技术（Passivated Emitter and Rear Cell，PERC）电池片产品毛利率显著高于常规电池片的市场环境下，相关企业均已迅速扩产，2017 年至 2019 年 1 月，我国主流光伏电池企业均推出了大规模电池片项目的投资计划，包括通威在合肥和成都的年产 20 吉瓦项目，隆基在银川的年产 5 吉瓦项目、在襄城的年产 4 吉瓦项目等，本次交易也将爱旭科技天津年产 3.8 吉瓦项目和义乌年产 8 吉瓦项目作为预估增值的主要原因。《ST 新梅重组预案》披露,预计到 2019 年,我国 13 家主要电池片企业 PERC 电池产能将达到 71.2 亿吉瓦。产能的大量释放可能会导致对行业竞争格局的冲击,同时会使产品毛利率下滑,公司在盈利预测和估值时是否考虑产能释放导致的竞争加剧和毛利率下滑风险需进一步说明。

2. 关于标的公司的竞争优势

首先,《ST 新梅重组预案》披露,爱旭科技拥有业内领先的 PERC 电池制造技术和生产制造能力,是全球 PERC 电池的主要供应商之一。光伏电池的转换效率是电池企业的核心竞争力,爱旭科技的单晶 PERC 电池转换效率可达 22%。但据了解,隆基绿能科技股份有限公司(以下简称隆基股份)、通威集团和爱旭科技等国内龙头电池厂商所生产的单晶 PERC 电池的转换效率并无明显差异,且隆基股份 2018 年半年报显示其单晶 PERC 电池转换效率最高水平已达到 23.6%。与市场上其他领先的垂直整合组件厂商以及电池厂商相比,爱旭科技的主要竞争优势是什么?此外,光伏产业对高效率、低成本的诉求不断加强,东方证券研究报告显示,通威股份高效单晶 PERC 电池的非硅成本已降至 0.25 元/瓦左右,在非硅成本方面爱旭科技有何优势?上述疑问需进一步说明。

其次,《ST 新梅重组预案》披露,包括南美、中东、北非等地在内的海外新兴市场需求不断增加,海外市场将成为爱旭科技新的业绩增长点之一。根据财通证券研究报告数据,国内企业开始陆续在泰国、马来西亚、越南、印度、土耳其等新兴市场投资建厂,以便更贴近终端市场需求,2015 年国内企业在海外已投电池产能为 3.2 吉瓦,而 2018 年产能已增至 11.4 吉瓦。爱旭科技是否拥有境外资产,公司在境外的竞争优势主要是什么需进一步说明。

最后,券商研究报告显示,电池片效率提升和成本下降是实现光伏发电侧平价上网目标的主要贡献力,在补贴逐渐退坡的背景下,电池企业将越来越注重高效技术路径的发展,各种晶体硅电池生产技术将持续改进,未来几年 PERC 技术会成为电池的主流技术路线,但随着对效率需求的不断攀升,PERC 技术也将向钝化发射极背面全扩散电池(Passivated Emitter Rear Totally-diffused Cell, PERT)、金属缠绕穿透技术(Metal Wrap-Through, MWT)、本征薄膜异质结电池(Hetero-junction with Intrinsic Thin-layer, HIT)等更高效技术路径转变。在近年光伏行业发展迅速,竞争激烈，技术快速迭代的背景下，爱旭科技将如何保持技术优势是一个值得关注的问题。

3. 发行股份的价格是否合理

《ST 新梅重组预案》披露，本次交易发行股份的数量约为 159,793.81 万股，发行价格为 3.88 元/股，以定价基准日前 60 个交易日上市公司股票交易均价的 90% 为定价依据。定价基准日前 20 日和 120 日的 A 股交易均价的 90% 分别是 4.14 元/股和 4.00 元/股，相应发行数量分别为 149,758.45 万股和 155,000 万股，与重组预案公告的发行数量相比的差额分别为 10,035.36 万股和 4793.81 万股，而上市公司目前的股本为 44,638.31 万股，扣除控股股东新达浦宏的持股后，其他中小股东持有上市公司股份约为 34,793.86 万股。虽然定价符合《上市公司重大资产重组管理办法》第 45 条的规定，但由于发行股份的总金额较高而发行价较低，定价依据的选择将导致发行数量存在较大差异，进而对中小股东产生较大影响。另外，定价基准日前 60 日恰好包括上市公司自上一次控股权变更后股价最低的阶段，即 10 月中旬。本次交易发行股份的定价是否合理，是否充分考虑了中小股东的利益仍需进一步解答。

案例2　居然新零售借壳武汉中商上市

2019年2月12日，武汉中商集团股份有限公司（以下简称武汉中商，股票代码为000785）公告了《发行股份购买资产暨关联交易预案（修订稿）》（以下简称《武汉中商重组预案》），拟通过发行股份的方式收购北京居然之家家居新零售连锁集团有限公司（以下简称居然新零售或标的公司）100%的股权，本次交易构成重组上市。

一、案例简介

（一）上市公司基本情况

武汉中商成立于1990年，于1997年7月11日在深圳证券交易所上市交易。发布《武汉中商重组预案》时，武汉中商股价为10.58元/股，总股本为251,221,698股，总市值26.58亿元，在本次交易前，武汉中商控股股东为武汉商联（集团）股份有限公司（以下简称武汉商联），持股比例为41.25%，实际控制人为武汉国有资产经营有限公司（以下简称武汉国资公司）。

武汉中商主要从事零售业务，同时涉足商业物业开发、电商服务等产业，主营业态包括现代百货、购物中心、超市等。上市公司现拥有9家现代百货店、1家购物中心、51家各类超市，主要分布于武汉市核心商圈，包括荆州、黄石、黄冈、十堰、咸宁、孝感、荆门等10个主要城市。其两年及一期的财务状况和经营成果如表1－2－1所示。

表 1-2-1　武汉中商基本财务指标

单位:万元

项目	2018 年 9 月 30 日	2017 年 12 月 31 日	2016 年 12 月 31 日
总资产	262,477.68	283,150.73	286,734.72
总负债	129,051.42	154,324.63	195,494.84
股东权益	133,426.26	128,826.10	91,239.88
项目	2018 年 1~9 月	2017 年	2016 年
营业收入	294,902.01	399,662.57	401,081.27
利润总额	17,940.26	46,639.04	6879.46
净利润	12,856.12	39,477.81	3707.66

(二)标的公司基本情况

在本次重组交易中,交易对方为北京居然之家投资控股集团有限公司(以下简称居然控股)、霍尔果斯慧鑫达建材有限公司、阿里巴巴(中国)网络技术有限公司、汪某某、杭州瀚云新领股权投资基金合伙企业(有限合伙)、杭州瀚云新领股权投资基金合伙企业(有限合伙)等居然新零售全体 24 名股东。在本次交易完成后,居然新零售将成为上市公司的全资子公司,居然控股等 24 名交易对方将成为上市公司的股东。

居然新零售于 2015 年 4 月 30 日在北京成立,是以中高端为经营定位,为顾客提供家庭设计和装修、家居建材等"一站式"服务的大型泛家居消费平台。居然新零售涵盖家居产品零售、家装服务、家居会展等领域,集"居然之家"家居卖场、"丽屋"家居建材超市、"居然设计家"家居家装服务平台于一身,是中国泛家居行业的龙头企业。《武汉中商重组预案》仅披露了居然新零售未经审计的经营数据,如表 1-2-2 所示。

表 1-2-2　居然新零售基本财务指标(未审计)

单位:亿元

项目	2018 年 10 年 31 日	2017 年 12 月 31 日	2016 年 12 月 31 日
总资产	273.13	216.28	196.50
总负债	151.62	173.82	158.60
股东权益	121.51	42.46	37.90
项目	2018 年 1~10 月	2017 年	2016 年
营业收入	70.02	73.55	64.89
利润总额	22.01	18.24	14.34
净利润	16.49	13.81	10.75

(三)重大资产重组方案精要

武汉中商本次拟通过向特定对象非公开发行股份的方式购买居然控股等 24 名交易对方持有的居然新零售 100% 的股权。在本次交易完成后,居然新零售将成为上市公司的全资子公司,居然控股等 24 名交易对方将成为上市公司的股东。

1. 发行股份购买资产

武汉中商拟以发行股份的方式收购居然新零售 100% 的股权。经各方友好协商,本次交易标的资产的交易价格初步确定为 363 亿元至 383 亿元。在本次交易中,上市公司购买的标的资产的最终交易价格以具有证券期货相关业务资格的资产评估机构出具的且经湖北省人民政府国有资产监督管理委员会备案的资产评估报告所确定评估值为基础,由各方协商确定。

武汉中商发行股份定价基准日为上市公司 2019 年第二次临时董事会会议决议公告日,发行价格为 6.18 元/股,不低于定价基准日前 60 个交易日上市公司股票均价的 90%,按照本次交易初步确定的价格区间的中值 373 亿元、本次发行股票价格 6.18 元/股进行计算,本次拟发行股份数量为 6,035,598,690 股。定价基准日至发行日期间,若公司发生派息、送红股、转增股本或配股等除息、除权行为,本次发行价格将根据中国证监会及深圳证券交易所的相关规定进行相应调整,发行股数也随之进行调整。

2. 交易构成重大资产重组

本次交易标的资产为居然新零售 100% 的股权,按照本次交易初步确定的价格区间的下限 363 亿元进行测算,居然新零售 2018 年 10 月末未经审计的资产总额、资产净额及 2017 年度营业收入占上市公司 2017 年年末/2017 年度经审计的合并财务报表相关指标的比例如表 1-2-3 所示。根据《上市公司重大资产重组管理办法》的规定,本次交易构成重大资产重组。

表 1-2-3 居然新零售相关指标的比例

单位:万元

财务数据	上市公司	居然新零售	交易金额	计算依据	指标占比(%)
资产总额	283,151	2,731,258	3,630,000	3,630,000	1282.00
资产净额	113,245	1,164,323	3,630,000	3,630,000	3205.44
营业收入	399,663	735,459	—	735,459	184.02

3. 交易构成重组上市

在本次交易前，上市公司的控股股东为武汉商联，实际控制人为武汉国资公司；本次交易完成后，上市公司的控股股东变更为居然控股，实际控制人变更为汪某某。在本次交易中，拟购买资产的资产总额、资产净额、营业收入、净利润指标预计均超过上市公司对应指标的100%，因购买标的资产发行的股份占上市公司本次交易首次董事会决议公告日前1个交易日的股份的比例亦将超过100%，按照相关规定，本次交易构成重组上市，需提交中国证监会上市公司并购重组审核委员会审核并经中国证监会核准后方可实施。

4. 业绩承诺及补偿

本次交易业绩承诺期间为2019年、2020年和2021年，如本次交易未能于2019年内实施完毕，则前述业绩承诺期相应顺延为2020年、2021年及2022年，如届时中国证监会等监管部门对前述利润补偿期间另作要求的，业绩补偿义务人同意按照监管部门的相关要求对利润补偿期间进行相应调整；若业绩补偿义务人需要对上市公司进行补偿的，则业绩补偿义务人首先以其通过本次交易获得的武汉中商股份进行补偿，当股份补偿的总数达到本次发行股份购买资产发行的股份总数的90%后，业绩补偿义务人可选择以现金及/或股份方式进行补偿。业绩补偿义务人将与上市公司另行签署《盈利预测补偿协议》对盈利预测补偿的具体事宜进行约定。

5. 交易完成后上市公司股权结构

截至《武汉中商重组预案》签署日，上市公司总股本为251,221,698股。经各方友好协商，本次交易标的资产的交易价格初步确定为363亿元至383亿元。按照本次交易初步确定的价格区间的中值373亿元、本次发行股票价格6.18元/股进行计算，本次拟发行股份数量为6,035,598,690股。本次交易完成前后公司的股本结构如表1-2-4所示。

表1-2-4　交易完成前后公司的股本结构

股东名称	本次交易前		本次交易后	
	数量（股）	持股比例（%）	数量（股）	持股比例（%）
武汉商联	103,627,794	41.25	103,627,794	1.65
其他	147,593,904	58.75	147,593,904	2.35

续表

股东名称	本次交易前		本次交易后	
	数量(股)	持股比例(%)	数量(股)	持股比例(%)
居然控股	—	—	2, 649, 869, 264	42. 15
霍尔果斯居然之家慧达装饰服务有限公司	—	—	800, 078, 954	12. 73
阿里巴巴(中国)网络技术有限公司	—	—	603, 559, 870	9. 60
汪某某	—	—	412, 834, 962	6. 57
杭州瀚云新领股权投资基金合伙企业(有限合伙)	—	—	301, 779, 982	4. 80
上海云锋五新投资中心(有限合伙)	—	—	301, 779, 935	4. 80
泰康人寿保险有限责任公司	—	—	241, 423, 957	3. 84
天津睿通投资管理合伙企业(有限合伙)	—	—	241, 423, 957	3. 84
青岛好荣兴多商业资产投资中心(有限合伙)	—	—	132, 825, 406	2. 11
武汉然信股权投资合伙企业(有限合伙)	—	—	43, 752, 038	0. 70
宁波梅山保税港区红杉雅盛股权投资合伙企业(有限合伙)	—	—	41, 512, 851	0. 66
共青城信中利建信投资管理合伙企业(有限合伙)	—	—	34, 137, 366	0. 55
宁夏联瑞物源股权投资合伙企业(有限合伙)	—	—	33, 207, 830	0. 53
黄冈约瑟广胜成壹号股权投资基金合伙企业(有限合伙)	—	—	33, 207, 830	0. 53
北京工银股权投资基金合伙企业(有限合伙)	—	—	33, 201, 820	0. 53
黄冈约瑟兴楚股权投资基金合伙企业(有限合伙)	—	—	26, 399, 653	0. 42
博裕三期(上海)股权投资合伙企业(有限合伙)	—	—	16, 603, 938	0. 26
青岛信中利海丝文化投资中心(有限合伙)	—	—	16, 603, 938	0. 26
中联国泰(北京)资本控股有限公司	—	—	16, 603, 938	0. 26

续表

股东名称	本次交易前		本次交易后	
	数量(股)	持股比例(%)	数量(股)	持股比例(%)
泰州鑫泰中信股权投资基金合伙企业(有限合伙)	—	—	16,603,938	0.26
珠海歌斐殴曼股权投资基金(有限合伙)	—	—	16,603,938	0.26
宁波博睿苏菲股权投资合伙企业(有限合伙)	—	—	8,298,964	0.13
宁波梅山保税港区如意九鼎投资合伙企业(有限合伙)	—	—	8,298,964	0.13
湖北东亚实业有限公司	—	—	4,985,397	0.08
合计	251,221,698	100.00	6,286,820,388	100.00

二、案例分析

(一)行权过程

2019年2月15日,投服中心参加武汉中商重大资产重组媒体说明会,现场向武汉中商提出三个方面的问题:一是与主要可比公司相比交易定价是否被高估;二是关于标的公司快速扩张可能面临的风险;三是关于武汉中商的现有业务未来安排。武汉中商于2019年12月完成本次重组。

(二)行权内容分析

1.与主要可比公司相比交易定价是否被高估

《武汉中商重组预案》披露,武汉中商拟通过发行股份的方式收购标的公司居然新零售100%的股权,本次交易构成重组上市。居然新零售属于大型家居零售企业,其所经营的主要业务包括家居卖场、家居超市、家装及其他创新业务,市场上另一家典型的大型家居零售企业是A股和H股上市公司红星美凯龙。首先,从经营门店数量来看,截至2018年年底,红星美凯龙拥有直营商场80家、委管商场228家、特许经营项目22家,居然新零售拥有直营门店86家、委管加盟123家、特许加盟75家。其次,从经营情况来看,2017年和2018年前三季度,红星美凯龙分别实现营业收入 109.60 亿元和 99.91 亿元,分别实现净利润 42.78 亿元和 43.92 亿元,分别实现扣非后归母净利润 23.05 亿元和 21.99 亿元;而居然新零售在 2017 年和 2018 年 1 ~ 10 月未经审计的经营情况分别实现营业收入 73.55 亿元和 70.02 亿元,分别实现净利润 13.81 亿元和 16.49 亿元,分别实现扣非后归母净利润 12.60 亿元和 16.24 亿元。最后,从总市值来看,按 A 股收盘价和总股本计算,红星美凯龙最近半年和最近 3 个月内的平均总市值分别为 421 亿元和 402 亿元。按 A 股和 H 股股价和股份数量分别计算并加总,红星美凯龙最近半年和最近 3 个月内的平均总市值分别为 385 亿元和 368 亿元。而居然新零售本次交易价格初步确定为 363 亿元至 383 亿元。与更大规模且经营情况更好的红星美凯龙相比,居然新零售本次交易价格是否被高估需进一步说明。

2. 关于标的公司快速扩张可能面临的风险

《武汉中商重组预案》披露,根据标的公司战略规划,2019 ~ 2022 年,标的公司拟每年新开实体店 80 ~ 100 家,预计到 2022 年年底实体店数量超过 600 家,覆盖全部副省级以上城市、2/3 以上地级城市、1/3 以上县级城市,未来标的公司将向人口净流入的三、四、五线城市下沉。渠道下沉可能导致单体项目规模收缩或毛利率下滑,而市场上其他可比公司的快速扩张也会导致市场竞争加剧,进而使标的公司毛利率下滑,标的公司及行业整体的快速扩张是否会对标的公司盈利能力产生不利影响需进一步说明。

同时,截至 2018 年年末,居然新零售拥有独立核算的经营单位门店 284 家,其中加盟店合计占比 69.72%,且占比呈不断上升趋势,直营模式门店的物业也以租赁形式为主,资产结构以轻资产为主。在上述经营模式下,如果标的公司的管理水平不能很好地匹配过快的扩张速度,可能出现入驻商户或加盟商提供的服务质量下滑等问题,如果行业景气度下滑,甚至可能存在加盟商违约的风险。希望公司说明居然新零售将如何应对快速扩张下轻资产经营模式带来的风险。

3. 关于武汉中商的现有业务未来如何安排

《武汉中商重组预案》披露,本次交易不涉及资产置换,在本次交易完成后,上市公司将在现有的现代百货、购物中心以及超市业务的基础上新增家居卖场、家居建材超市和家装等业务。按照本次交易初步确定的价格区间的中值 373 亿元、发行股票价格 6.18 元/股进行计算,在本次交易完成后,上市公司现阶段的控股股东武汉商联的持股比例将由 41.25% 下降到 1.65% ,上市公司控股股东将变更为居然控股,实际控制人将变更为汪某某。武汉中商发布的公告显示,其 2017 年和 2018 年前三季度分别实现营业收入 39.97 亿元和 29.49 亿元,分别实现净利润 3.95 亿元和 1.29 亿元,2018 年业绩预告为盈利 6500 万元至 8000 万元。虽然面对市场环境和行业发展缓慢的不利局面,但多年来武汉中商营业收入总体稳定。希望公司进一步说明在实际控制人变更后,对武汉中商的现有业务将如何安排。

案例3　天业通联重大资产出售及发行股份购买晶澳太阳能

2019年3月6日，秦皇岛天业通联重工股份有限公司（以下简称天业通联，股票代码为002459）公告了《重大资产出售及发行股份购买资产暨关联交易预案（修订稿）》（以下简称《天业通联重组预案》），拟向华建兴业投资有限公司（以下简称华建兴业）出售截至评估基准日的全部资产与负债，并拟以发行股份方式购买晶澳太阳能有限公司（以下简称晶澳太阳能）100%的股权。

一、案例简介

（一）上市公司基本情况

天业通联成立于2000年12月20日，于2010年8月10日在深圳证券交易所中小板上市交易。在发布《天业通联重组预案》时，天业通联股价为13.00元/股，总股本为388,689,351股，总市值50.53亿元，在本次交易前，天业通联控股股东为深圳市华建盈富投资企业（有限合伙）（以下简称华建盈富），持股比例为36.39%。何某某通过华建盈富控制上市公司的股权，为上市公司实际控制人。

天业通联主要从事铁路桥梁施工起重运输设备及其他领域起重运输设备的设计、制造、销售、施工服务，产品主要用于铁路、公路桥梁及地下轨道施工建设。主要产品包括架桥机、运架一体机、运梁车、提梁机、模具等。

其两年及一期的财务状况和经营成果如表1-3-1所示。

表 1－3－1　天业通联基本财务指标

单位：万元

项目	2018 年 9 月 30 日	2017 年 12 月 31 日	2016 年 12 月 31 日
总资产	145, 392. 81	143, 145. 01	134, 210. 52
总负债	18, 370. 09	17, 190. 19	10, 572. 39
股东权益	127, 022. 72	125, 954. 82	123, 638. 13
项目	2018 年 1 ~9 月	2017 年	2016 年
营业收入	24, 428. 50	35, 691. 23	32, 276. 28
利润总额	1297. 67	1830. 53	2011. 21
净利润	1344. 15	2216. 80	2011. 21

（二）标的公司基本情况

在本次重组交易中，购买的标的公司为晶澳太阳能。晶澳太阳能于 2005 年 5 月 18 日成立。在本次交易前，晶澳太阳能股权关系结构如图 1－3－1 所示。

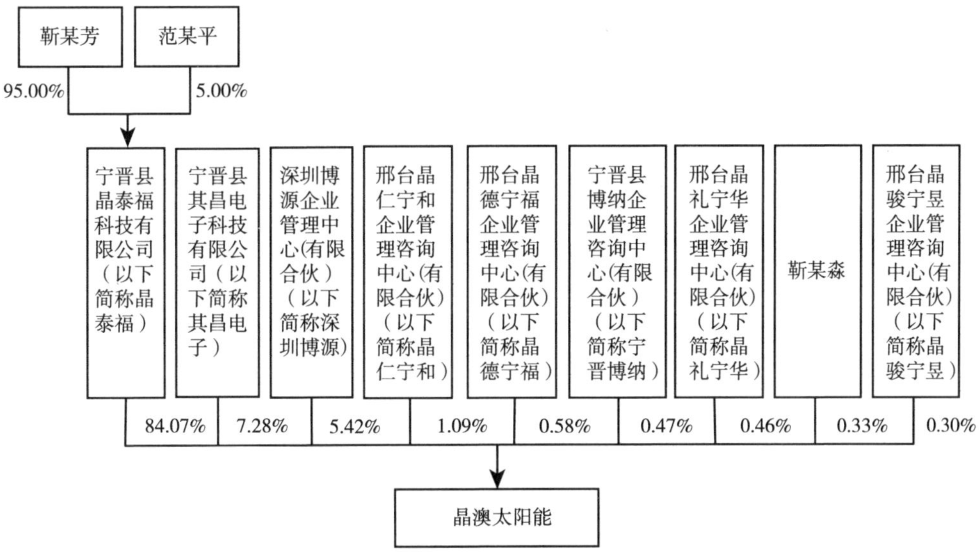

图 1－3－1　晶澳太阳能股权关系结构

晶澳太阳能主营业务为硅片、太阳能电池片及太阳能电池组件的研发、生产和销售，以及太阳能光伏电站的开发、建设、运营等。其中，太阳能电池组件是晶澳太阳能的核心产品。其最近两年及一期的财务状况和经营成果如表 1－3－2 所示。

表 1-3-2　晶澳太阳能基本财务指标

单位:万元

项目	2018 年 9 月 30 日	2017 年 12 月 31 日	2016 年 12 月 31 日
总资产	2,382,863.68	2,414,925.00	2,188,516.81
总负债	1,834,743.96	1,643,684.87	1,464,428.87
股东权益	548,119.72	771,240.13	724,087.95
项目	2018 年 1~9 月	2017 年	2016 年
营业收入	1,476,780.18	2,054,989.43	1,693,963.95
利润总额	73,379.17	83,946.48	99,314.92
净利润	55,208.73	72,076.38	79,984.53

(三)重大资产重组方案精要

本次交易方案包括两部分:一是重大资产出售;二是发行股份购买资产。上述重大资产出售和发行股份购买资产同时生效、互为前提,若其中任何一项因未获得所需的批准(包括但不限于相关交易方内部有权审批机构及相关监管机构批准)而无法付诸实施,则另一项交易不予实施。

1. 重大资产出售

天业通联拟向华建兴业出售截至评估基准日之全部资产与负债,华建兴业以现金方式支付对价。为便于置出资产交割,天业通联拟将全部置出资产注入全资子公司秦皇岛天业通联重工科技有限公司(以下简称重工科技),并向华建兴业交割重工科技 100% 的股权,因客观原因无法注入重工科技的置出资产,天业通联拟向华建兴业直接交割该等置出资产。

本次拟出售资产的最终交易价格将以具有证券、期货相关业务资格的资产评估机构出具评估报告的评估结果为基础,经各方协商后确定。截至《天业通联重组预案》签署日,评估工作尚未完成,拟出售资产的预估值为 12.7 亿元。

2. 发行股份购买资产

天业通联拟向晶泰福、其昌电子、深圳博源、靳某森、晶骏宁昱、晶礼宁华、晶仁宁和、晶德宁福、宁晋博纳发行股份购买其合计持有的晶澳太阳能 100% 的股权。

本次交易的标的资产的最终交易价格将以具有证券、期货相关业务资格的资产评估机构出具评估报告的评估结果为基础，经各方协商后确定。截至《天业通联重组预案》签署日，评估工作尚未完成，标的资产的预估值为75亿元。

本次发行股份购买资产的定价基准日为天业通联第四届董事会第十九次会议决议公告日。本次发行股份购买资产的股份发行价格为7.87元/股，不低于定价基准日前20个交易日股票均价的90%。

在本次交易完成后，晶澳太阳能的全体股东将成为上市公司股东，上市公司的控股股东变更为晶泰福，上市公司的实际控制人变更为靳某芳。

3. 本次交易的性质

本次交易的拟购入资产为晶澳太阳能100%的股权，晶澳太阳能截至2017年12月31日未经审计的资产总额、资产净额及2017年营业收入占上市公司同期经审计的合并财务报表相关指标比例分别为1687.56%、612.06%和5756.30%。根据《上市公司重大资产重组管理办法》的规定，本次交易构成重大资产重组。

在本次交易完成后，上市公司的控股股东变更为晶泰福，持有上市公司59.71%的股权，实际控制人变更为靳某芳。在本次交易中，因拟购入资产的相关指标超过上市公司截至2017年12月31日及2017年度相关指标的100%、购买资产发行的股份占上市公司本次交易首次董事会决议公告日前1个交易日的股份的比例超过100%且本次交易将导致上市公司主营业务发生根本变化，根据《上市公司重大资产重组管理办法》的规定，本次交易构成重组上市。

在本次交易完成后，晶泰福将成为天业通联的控股股东，靳某芳将成为天业通联的实际控制人，靳某森将成为天业通联变更后的控股股东、实际控制人的一致行动人，其昌电子将成为持有上市公司5%股份以上的股东。同时，本次重大资产出售的承接方华建兴业持有天业通联控股股东华建盈富97.65%的股权，天业通联和华建兴业实际控制人均为何某某。根据《深圳证券交易所股票上市规则》等相关规定，本次重大资产出售、发行股份购买资产均构成关联交易。

4. 业绩承诺及补偿协议

公司公告《天业通联重组预案》时，业绩承诺及补偿协议仍未确定。待审计、评估工作完成后，本次交易相关的业绩承诺及补偿安排事项，由上市公司与业绩补偿相关方另行签署协议约定，具体情况将在重组报告书（草案）中予以披露。

5. 本次交易对天业通联股权结构的影响

《天业通联重组预案》披露,交易前天业通联的控股股东华建盈富持股比例为 36.39%。在本次交易完成后,上市公司的控股股东将变更为晶泰福,实际控制人将变更为靳某芳,持股比例为 59.71%,交易完成前后公司的股本结构如表 1－3－3 所示。

表 1－3－3　交易完成前后公司的股本结构

股东姓名/名称	本次交易前		本次交易后	
	持股数量(股)	持股比例(%)	持股数量(股)	持股比例(%)
华建盈富	141,431,000	36.39	141,431,000	10.54
其他社会公众股股东	247,258,351	63.61	247,258,351	18.44
晶泰福	—	—	801,177,333	59.71
其昌电子	—	—	69,329,807	5.17
深圳博源	—	—	51,640,254	3.85
晶仁宁和	—	—	10,330,368	0.77
晶德宁福	—	—	5,561,626	0.41
宁晋博纳	—	—	4,491,740	0.33
晶礼宁华	—	—	4,405,336	0.33
靳某淼	—	—	3,176,620	0.24
晶骏宁昱	—	—	2,872,935	0.21
合计	388,689,351	100.00	1,341,675,370	100.00

二、案例分析

(一)行权过程

2019 年 3 月 12 日,投服中心参加了天业通联重大资产重组媒体说明会。现场,投服中心针对标的公司所处行业面临的政策风险、标的公司的竞争优势、标的公司的全球化布局等方面提出问询。天业通联于 2019 年 6 月 12 日召开临时股东大会审议通过了此次重大资产重组事宜。

(二)行权内容分析

1. 关于标的公司所处行业面临的政策风险

《天业通联重组预案》披露,上市公司拟出售截至评估基准日的全部资产与负债,并发行股份购买晶澳太阳能100%的股权,本次交易构成重组上市。晶澳太阳能为拥有垂直一体化产业链的光伏制造商,其产品涉及硅片、太阳能电池片、太阳能电池组件以及太阳能光伏电站,其中太阳能电池组件是标的公司的核心产品。

光伏行业存在周期性,其周期性波动主要源于供需关系中的需求端,而需求端对政策敏感度极高。2018年国家出台"5·31"新政,旨在通过降补贴限规模倒逼产业升级,此后光伏产业链中多项产品价格出现"断崖式"下跌。由于光伏产业受政策影响波动风险显著,投服中心建议公司在进行估值和盈利预测的时候充分考虑光伏行业面临的政策风险。

2. 关于标的公司的竞争优势

(1)成本方面

近几年,由于光伏制造业的大幅扩产,市场竞争不断加剧,叠加技术进步与补贴退坡等政策因素,光伏产品价格总体保持下降趋势,盈利空间逐步缩减。未来,随着平价上网的加速推进,光伏产品价格还有望进一步下降。在此背景下,光伏行业亟须降低成本、提升效率。一方面,若成本端的下降小于价格端的下降,则会压缩公司的盈利水平;另一方面,若成本端的下降不及同行业竞争对手,则可能带来市场份额的缩减。

在光伏产业链中,太阳能电池片与太阳能电池组件是产业链中差异最小、毛利最低的环节。如图1-3-2所示,根据晶澳太阳能在美国上市期间披露的年报计算,其组件产品2015~2017年的售价分别为3.46元/瓦、3.21元/瓦及2.57元/瓦,其组件产品2015~2017年的成本分别为2.87元/瓦、2.74元/瓦及2.27元/瓦。与光伏产业中的龙头企业隆基股份相比,晶澳太阳能组件产品的单位售价差异不大,而其单位成本在2017年则高出隆基股份25.5%,即0.46元/瓦。请标的公司结合数据说明,面对激烈的市场竞争,晶澳太阳能组件产品的成本在同行业中是否具有竞争优势,并说明公司在降低产品成本、提升效率方面的具体计划。

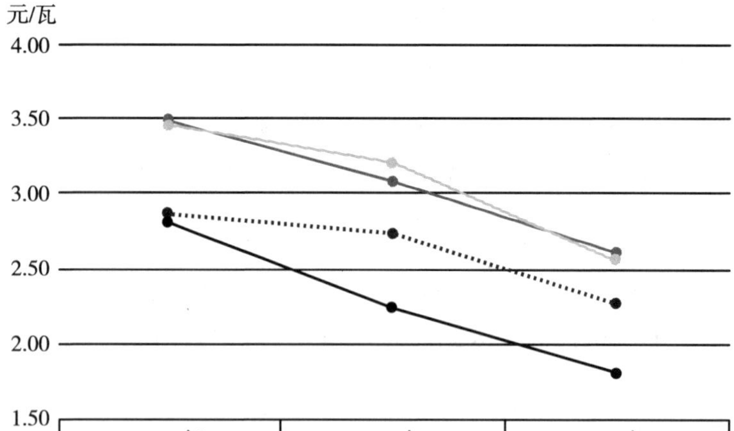

	2015年	2016年	2017年
晶澳太阳能售价	3.46	3.21	2.57
晶澳太阳能成本	2.87	2.74	2.27
隆基股份售价	3.49	3.09	2.62
隆基股份成本	2.82	2.25	1.81

晶澳太阳能售价　晶澳太阳能成本　隆基股份售价　隆基股份成本

图 1-3-2　组件售价及成本

(2)技术方面

《天业通联重组预案》披露,晶澳太阳能电池及组件技术在业界处于领先水平,主要体现在转化效率、功率、质量及成本控制等方面。转换效率方面,截至 2018 年 9 月,其单晶常规 PERC 电池量产平均转换效率达到 21.70%,新近导入量产的第二代 PERC 电池的平均转换效率为 21.90%;功率方面,其标准 72 片单晶 PERC 组件的主流功率可达 370~380 瓦,标准 72 片多晶电池组件的主流功率可达 330~335 瓦。而根据 2019 年 1 月 19 日的新闻,隆基绿能科技股份有限公司(以下简称隆基股份)双面 PERC 电池(M2 规格)经国家光伏质检中心测试,正面转换效率达到了 24.06%。此外,根据隆基股份 2018 年年中报,其 60 型单晶 PERC 半片组件功率已突破 360 瓦。

光伏行业技术迭代非常快,请上市公司说明与同行竞争对手相比,晶澳太阳能的主要技术优势是什么,其优势是否具有持续性。

3. 关于标的公司的全球化布局

《天业通联重组预案》披露,晶澳太阳能在中国、美国、日本、欧洲、印度、东南亚、拉美、中东及非洲均有市场布局。由于不同国家光伏行业所处的市场阶段、补贴政策均有所不同,且在部分国家的业务可能还面临贸易摩擦、地缘政治等风险,请标的公司说明其海外收入占总营业收入的比例与在各国家的收入占比情况,并说明对其主要海外市场采取的经营规划。

案例4　天山铝业借壳新界泵业上市

2019年4月10日，新界泵业集团股份有限公司（以下简称新界泵业，股票代码为002532）公告了《重大资产置换及发行股份购买资产暨关联交易预案（修订稿）》（以下简称《新界泵业重组预案》），拟通过重大资产置换和发行股份的方式收购标的公司新疆生产建设兵团第八师天山铝业股份有限公司（以下简称天山铝业）100%的股权，本次交易构成重组上市。

一、案例简介

（一）上市公司基本情况

新界泵业成立于1997年，于2010年12月31日在深圳证券交易所上市交易。发布《新界泵业重组预案》时，新界泵业股价为8.14元/股，总股本为503,080,023股，总市值40.95亿元，在本次交易前，新界泵业无控股股东，其第一大股东为欧豹国际集团有限公司（以下简称欧豹国际），实际控制人为许某田、杨某华夫妇，上市公司实际控制人及其一致行动人许某波合计持有上市公司203,531,306股股票，占比为40.46%。

上市公司主营业务为水泵及控制设备的研发、生产与销售。2016～2018年，新界泵业母公司的主要财务数据如表1－4－1所示。

表1－4－1　新界泵业母公司基本财务指标

单位：万元

项目	2018年12月31日	2017年12月31日	2016年12月31日
流动资产	69,233.86	64,329.63	74,681.31
非流动资产	123,585.71	118,269.24	115,800.14

续表

项目	2018年12月31日	2017年12月31日	2016年12月31日
资产合计	192,819.56	182,598.87	190,481.45
流动负债	52,652.72	39,515.70	58,297.00
非流动负债	1066.62	1008.71	1908.57
负债合计	53,719.34	40,524.41	60,205.57
股东权益合计	139,100.22	142,074.46	130,275.88
项目	2018年	2017年	2016年
营业收入	127,063.23	123,981.79	109,460.86
营业利润	15,655.33	15,490.40	12,196.31
利润总额	15,843.98	15,046.90	12,561.12
净利润	13,931.29	13,203.11	10,923.63

（二）标的公司基本情况

在本次重组交易中，交易对方为石河子市锦隆能源产业链有限公司（以下简称锦隆能源）、石河子市锦汇能源投资有限公司、曾某懿、潍坊聚信锦濛投资管理合伙企业（有限合伙）、曾某林、曾明某、华融致诚柒号（深圳）投资合伙企业（有限合伙）、曾益某、曾某、芜湖信泽润投资管理合伙企业（有限合伙）、浙物暾澜（杭州）创业投资合伙企业（有限合伙）、宁波梅山保税港区深华腾十三号股权投资中心（有限合伙）、珠海浚瑞股权投资合伙企业（有限合伙）、芜湖润泽万物投资管理合伙企业（有限合伙）、杭州祥澜投资合伙企业（有限合伙）、大连万林进出口有限公司。

天山铝业于2010年9月14日在新疆成立，其股权结构如表1-4-2所示。

表1-4-2　天山铝业股本结构

股东名称/姓名	持股数量（万股）	持股比例（%）
锦隆能源	51,600.0000	36.64
石河子市锦汇能源投资有限公司	14,400.0000	10.22
曾某懿	13,436.8400	9.54
潍坊聚信锦濛投资管理合伙企业（有限合伙）	10,736.8400	7.62
曾某林	9612.6300	6.83
曾明某	7102.1100	5.04

续表

股东名称/姓名	持股数量(万股)	持股比例(%)
华融致诚柒号(深圳)投资合伙企业(有限合伙)	6947.3700	4.93
曾益某	6555.7900	4.65
曾某	6555.7900	4.65
芜湖信泽润投资管理合伙企业(有限合伙)	5052.6300	3.59
浙物暾澜(杭州)创业投资合伙企业(有限合伙)	3157.8900	2.24
宁波梅山保税港区深华腾十三号股权投资中心(有限合伙)	2526.3200	1.80
珠海浚瑞股权投资合伙企业(有限合伙)	1263.1600	0.90
芜湖润泽万物投资管理合伙企业(有限合伙)	631.5789	0.45
杭州祥澜投资合伙企业(有限合伙)	631.5789	0.45
大连万林进出口有限公司	631.5789	0.45
合计	140,842.1067	100.00

在本次交易完成后,天山铝业将成为上市公司的全资子公司,曾某懿等16名交易对方将成为上市公司的股东。天山铝业主营业务为原铝、铝深加工产品及材料、预焙阳极、高纯铝、氧化铝的生产和销售。天山铝业已建成年产能120万吨原铝生产线,配套建有6台350兆瓦发电机组和年产能30万吨预焙阳极生产线,在江苏江阴建有年产5万吨铝深加工基地。《新界泵业重组预案》披露的天山铝业报告期内未经审计合并报表的主要财务指标如表1-4-3所示。

表1-4-3　天山铝业基本财务指标(未审计)

单位:万元

项目	2018年12月31日	2017年12月31日	2016年12月31日
资产合计	3,640,312.36	3,369,708.18	3,245,168.85
负债合计	2,532,803.10	2,370,409.51	2,446,645.35
所有者权益合计	1,107,509.26	999,298.67	798,523.50
项目	2018年	2017年	2016年
营业收入	2,411,494.88	2,088,966.82	2,147,579.48
利润总额	143,525.53	189,176.69	181,429.54
净利润	108,170.43	141,699.38	135,897.82

（三）重大资产重组方案精要

本次交易整体包括重大资产置换、发行股份购买资产、股份转让。在本次交易前，上市公司主营业务为水泵及控制设备的研发、生产与销售。在本次交易完成后，上市公司将成为具有完整一体化铝产业链优势的综合性铝生产、制造和销售的大型企业，主营业务变更为原铝、铝深加工产品及材料、预焙阳极、高纯铝、氧化铝的生产和销售。

1. 重大资产置换

上市公司拟将截至评估基准日全部资产及负债扣除预留货币资金2018年度现金分红金额及1500万元作为置出资产，与锦隆能源截至评估基准日所持天山铝业全部股份的等值部分进行置换。在本次交易中，上市公司原有全部资产及负债预作价为160,000万元，上市公司拟实施2018年度现金分红约10,000万元（具体金额以上市公司股东大会决议为准），预留货币资金1500万元，故置出资产的预作价为148,500万元。在本次交易中，天山铝业100%股权的预估值为1,700,000万元。经交易双方友好协商，锦隆能源所持的天山铝业股权初步作价为566,705.20万元。交易各方同意，置出及置入资产最终交易价格以具有证券期货业务资格的评估机构出具的置入资产的相关评估报告载明的评估价值为依据，由交易各方协商确定。

2. 发行股份购买资产

在本次交易中，拟置出资产的初步作价为148,500万元，锦隆能源所持的天山铝业股权初步作价为566,705.20万元，上述差额为418,205.20万元。除锦隆能源外，天山铝业其他股东持有的天山铝业股权初步作价为1,133,294.80万元，针对锦隆能源所持资产的差额及天山铝业其他股东所持的天山铝业股权，由上市公司以发行股份的方式购买。本次发行股份购买资产的定价基准日为上市公司第四届董事会第九次会议决议公告日，本次发行股份购买资产的股份发行价格为4.79元/股，不低于定价基准日前120个交易日股票均价的90%。在本次发行的定价基准日至发行日期间，上市公司如有派息、送股、资本公积金转增股本等除权、除息事项，将按照证券交易所的相关规则对发行价格进行相应调整。据此计算，上市公司本次交易中发行股份的数量为3,239,039,659股，最终发行数量以上市公司股东大会批准并经中国证监会核准的数量为准。

3. 股份转让

欧豹国际拟将其持有的上市公司 7152 万股转让给曾某懿;欧豹国际、许某田、许某波拟将其分别持有的上市公司 2448 万股、2016 万股、2688 万股(合计 7152 万股)转让给曾某林。各方确认,剔除归属转让方的上市公司 2018 年度分红后,每股转让价格为 5.80 元/股,曾某懿、曾某林以现金或经双方认可的其他方式支付受让目标股份的对价。在本次交易完成后,上市公司将持有天山铝业 100% 的股权,上市公司的控股股东将变更为锦隆能源,实际控制人变更为曾某林、曾某懿。

4. 交易构成重大资产重组

本次交易的拟置入资产为天山铝业 100% 的股权,天山铝业 2018 年 12 月末未经审计的资产总额、资产净额及 2018 年度营业收入占上市公司 2018 年 12 月 31 日/2018 年度经审计的合并财务报表相关指标的比例如表 1-4-4 所示。根据相关规定,本次交易构成重大资产重组。

表 1-4-4　天山铝业相关指标的比例

单位:万元

财务数据	新界泵业	天山铝业	交易金额	计算依据	指标占比(%)
资产总额	198,018	3,640,312	1,700,000	3,640,312	1838.37
资产净额	137,982	1,107,261	1,700,000	1,700,000	1232.05
营业收入	149,871	2,411,495	—	2,411,495	1609.04

5. 交易构成重组上市

在本次交易完成后,上市公司的控股股东变更为锦隆能源,实际控制人变更为曾某林、曾某懿。在本次交易中,拟置入资产的相关指标超过上市公司截至 2018 年 12 月 31 日及 2018 年度相关指标的 100%、购买资产发行的股份占上市公司本次交易首次董事会决议公告日前 1 个交易日的股份的比例超 100% 且本次交易将导致上市公司主营业务发生根本变化,按照相关规定,本次交易构成重组上市,需提交中国证监会上市公司并购重组审核委员会审核并经中国证监会核准后方可实施。

6. 业绩承诺及补偿

补偿义务人与上市公司就天山铝业实际盈利数不足利润预测数的情况约定盈利预测补偿。如果本次发行股份购买资产于 2019 年交割完毕,补偿义务人对购买方承诺的利润补偿期间为 2019 年、2020 年和 2021 年,以此类推。在补偿期限内,如果天山铝业当年实际实现净利润未达到对应预测净利润，则补偿义务人将与上市公司依据相关法律法规的规定协商确定业绩补偿方式、计算标准以及减值测试等具体事宜。补偿义务人将与上市公司另行签署《盈利预测补偿协议》，对具体补偿事宜予以明确约定。据初步预测，天山铝业在2019年、2020年和2021年的利润预测数（扣除非经常性损益后归属于母公司所有者净利润）分别为9.64亿元、14.65亿元和19.99亿元（最终利润预测数字以评估预测模型及签署的《盈利预测补偿协议》为准）。

7. 交易完成后上市公司股权结构

截至《新界泵业重组预案》签署日，上市公司总股本为503,080,023股。本次交易完成前后公司的股本结构如表1-4-5所示。在本次重组上市交易完成后，上市公司的控股股东变更为锦隆能源，其将持有上市公司23.33%的股份。上市公司实际控制人变更为曾某懿、曾某林，曾某懿、曾某林将直接合计持有上市公司17.94%的股份，其通过锦隆能源、石河子市锦汇能源投资有限公司将间接合计持有上市公司32.15%的股份，曾某林、曾某懿将直接和间接持有上市公司50.09%的股份，曾某懿、曾某林及其一致行动人将直接和间接持有上市公司62.48%的股份。

表1-4-5　交易完成前后公司的股本结构

股东名称	本次交易前		本次交易后	
	数量（股）	持股比例（%）	数量（股）	持股比例（%）
欧豹国际	96,000,000	19.08	—	0.00
许某田	80,651,306	16.03	60,491,306	1.62
许某波	26,880,000	5.34	—	0.00
本次交易前上市公司其他股东	299,548,717	59.55	299,548,717	8.00
锦隆能源	—	—	873,079,754	23.33
石河子市锦汇能源投资有限公司	—	—	330,167,618	8.82
曾某懿	—	—	379,604,038	10.14
曾某林	—	—	291,921,364	7.80
曾明某	—	—	162,839,249	4.35
曾某	—	—	150,313,153	4.02
曾益某	—	—	150,313,153	4.02

续表

股东名称	本次交易前		本次交易后	
	数量(股)	持股比例(%)	数量(股)	持股比例(%)
潍坊聚信锦濛投资管理合伙企业(有限合伙)	—	—	354,906,054	9.48
华融致诚柒号(深圳)投资合伙企业(有限合伙)	—	—	229,645,093	6.14
芜湖信泽润投资管理合伙企业(有限合伙)	—	—	167,014,613	4.46
浙物暾澜(杭州)创业投资合伙企业(有限合伙)	—	—	104,384,133	2.79
宁波梅山保税港区深华腾十三号股权投资中心(有限合伙)	—	—	83,507,306	2.23
珠海浚瑞股权投资合伙企业(有限合伙)	—	—	41,753,653	1.12
芜湖润泽万物投资管理合伙企业(有限合伙)	—	—	20,876,826	0.56
杭州祥澜投资合伙企业(有限合伙)	—	—	20,876,826	0.56
大连万林进出口有限公司	—	—	20,876,826	0.56
合计	503,080,023	100.00	3,742,119,682	100.00

二、案例分析

(一)行权过程

2019年4月16日,投服中心参加新界泵业重大资产重组媒体说明会。现场,投服中心针对本次交易估值时是否充分考虑铝行业较大的周期性波动、标的公司预期业绩高速增长的可实现性以及独立财务顾问和评估机构是否独立客观等问题提出问询。最终,新界泵业于2020年6月完成本次重组。

(二)行权内容分析

1. 估值时是否充分考虑铝行业较大的周期性波动

《新界泵业重组预案》披露,新界泵业拟通过重大资产置换及发行股份的方式购买天山铝业100%的股权。天山铝业为综合性的铝生产、制造和销售企业,主要产品包括原铝、铝深加工产品及材料、预焙阳极、高纯铝、氧化铝等,属于典型的周期性行业。铝行业下游主要为建筑、交通、电力等领域,其市场需求与国内外宏观经济高度相关,其产品价格受宏观经济周期和供求关系等多种因素影响呈周期性变动。根据国家统计局公布的铝锭市场价格数据,自2014年9月高点到2015年11月低点,铝锭市场价格下滑32%,此后波动上涨至2017年10月高点,上涨幅度达63%,整体波动幅度较大。此外,以2018年为例,受市场环境复杂多变影响,原铝供需较弱,出现较大波动,价格整体下行,而氧化铝、原煤等主要原材料价格居高不下。根据公司在回复交易所问询函中选取的6家可比上市公司的2018年度业绩预告和年度报告,除南山铝业未披露相关情况外,焦作万方和云铝股份均由盈转亏,中孚实业亏损情况持续加大,中国铝业扣非后归母净利润同比减少80%,仅新疆众和业绩预增。由此可见,受行业周期性影响,铝业公司经营情况存在较大波动。

2. 在行业整体低速增长的背景下,标的公司预期业绩高速增长的可实现性《新界泵业重组预案》披露,天山铝业2019~2021年度的扣非后归母净利润预测数分别为9.64亿元、14.65亿元和19.99亿元,年均复合增长率为44%。而天山铝业2016~2018年实现的归母净利润分别为13.49亿元、14.17亿元、10.82亿元,并没有明显的增长趋势,且2017年取得14.17亿元利润的行业背景是铝锭价格在2017年下半年达到高点。此外,根据工信部《有色金属工业发展规划(2016~2020年)》的规定,“十二五”期间,我国电解铝表观消费量年均增长率为14.4%,但随着我国经济发展进入新常态,有色金属行业整体消费增速将由“十二五”期间的高速转为中低速,电解铝消费增速将明显放缓,年均增长率预测为5.2%。从2018年的数据来看,国内原铝产量出现10年来的首次负增长,国内铝消费增长放缓,行业整体处于低速增长期。在前述行业整体低迷的背景下,公司应从宏观环境、行业状况及标的公司自身核心竞争力三个方面详细解释44%的年均复合增长率的可实现性。

3. 独立财务顾问和评估机构是否独立客观

2018年天山铝业曾计划通过紫光学大重组上市,9月紫光学大披露的重组预案显示,天山铝业100%股权的预估值为236亿元,且2018~2020年的业绩承诺分别为实现扣非后归母净利润13.36亿元、18.54亿元和22.97亿元,前述重组于2019年2月终止。在本次交易中,天山铝业100%股权的预估值为170亿元,与前次相比减少了 66 亿元,下降 27.97%;2018 年天山铝业实现的归母净利润为 10.82 亿元,与前次的业绩预测相差 2.54 亿元,下降 19.01%;2019 年和 2020 年的业绩承诺也分别下降了 8.90 亿元和 8.32 亿元,下降幅度分别为 48% 和 36.22%。根据公司对证券交易所的回复,两次评估均为天山铝业管理层基于当时的行业环境的初步预估,投服中心请独立财务顾问和评估机构说明在确定盈利预测和估值时是否充分分析标的资产发展前景,充分考虑宏观经济因素和行业现状,是否足够独立、客观、专业、谨慎地进行判断和调整。

案例5　罗欣药业借壳东音股份上市

2019年5月17日，浙江东音泵业股份有限公司（以下简称东音股份，股票代码为002793）公告了《重大资产置换及发行股份购买资产暨关联交易预案（修订稿）》（以下简称《东音股份重组预案》），拟以重大资产置换、股份转让、发行股份方式购买山东罗欣控股有限公司（以下简称罗欣药业）99.65472%的股权。

一、案例简介

（一）上市公司基本情况

东音股份成立于1998年，于2016年4月15日在深圳证券交易所中小板上市交易。发布《东音股份重组预案》时，东音股份股价为10.15元/股，总股本为200,000,000股，总市值20.30亿元，在本次交易前，东音股份实际控制人为方某宝，持股比例为40.64%。

东音股份属于工业机械行业，专业从事井用潜水泵、陆上泵的研发、生产和销售，核心产品为井用潜水泵。其三年的财务状况和经营成果如表1-5-1所示。

表1-5-1　东音股份基本财务指标

单位：万元

项目	2018年12月31日	2017年12月31日	2016年12月31日
总资产	140,173.24	89,892.69	81,289.27
总负债	49,184.62	14,474.16	11,455.92
股东权益	90,988.62	75,418.53	69,833.36
项目	2018年	2017年	2016年
营业收入	93,544.58	82,804.40	63,739.73

续表

项目	2018 年	2017 年	2016 年
利润总额	12,746.29	13,356.14	11,613.21
净利润	11,134.56	11,585.17	10,036.28

(二)标的公司基本情况

本次发行股份购买资产的交易对方为罗欣控股、克拉玛依珏志、Ally Bridge、张某、陈某阳、前海投资、天津平安、GL Instrument、深圳平安、王某、许某、高瓴天成、得怡投资、广州德福、侯某峰、物明云泽、Giant Star、孙某华、陈某汉、杨某伟、云泽丰茂、得盛健康、云泽丰盛、中南弘远、济南钰贤、南京捷源、云泽丰采、GL Healthcare、Lu Zhenyu、张某雷、Zheng Jiayi、Mai Huijing、高某英。罗欣药业于 2001 年 11 月 30 日在山东省临沂市成立。在本次交易前,罗欣药业股权关系结构如表 1-5-2 所示。

表 1-5-2　罗欣药业股权关系结构

股东名称/姓名	持股数量(股)	持股比例(%)
罗欣控股	293,075,954	48.07676
克拉玛依珏志	79,507,359	13.04255
Ally Bridge	43,083,320	7.06747
张某	30,239,822	4.96060
陈某阳	30,239,821	4.96060
前海投资	17,221,166	2.82499
天津平安	14,433,500	2.36770
GL Instrument	12,522,418	2.05420
深圳平安	11,732,500	1.92462
王某	9,360,136	1.53546
许某	9,350,000	1.53379
高瓴天成	8,640,000	1.41732
得怡投资	7,500,000	1.23031
广州德福	7,280,000	1.19423
侯某峰	6,000,000	0.98425
物明云泽	5,000,000	0.82021
Giant Star	4,046,000	0.66371

续表

股东名称/姓名	持股数量(股)	持股比例(%)
孙某华	2,500,000	0.41010
陈某汉	2,500,000	0.41010
杨某伟	2,000,000	0.32808
云泽丰茂	1,708,909	0.28033
得盛健康	1,680,000	0.27559
云泽丰盛	1,603,922	0.26311
中南弘远	1,470,600	0.24124
济南钰贤	1,290,136	0.21164
南京捷源	1,000,000	0.16404
云泽丰采	980,392	0.16083
GL Healthcare	597,373	0.09799
Lu Zhenyu	590,000	0.09678
张某雷	174,000	0.02854
Zheng Jiayi	112,100	0.01839
Mai Huijing	34,000	0.00558
高某英	22,000	0.00361
合计	607,495,428	99.65472

本次交易导致东音股份控制权发生变更,构成重组上市。罗欣药业主营药品研发、生产和销售,分为医药工业和医药商业两大板块。医药工业板块以化学药品制剂及原辅料药的研发、生产和销售为主,主要产品为消化类用药、呼吸类用药、抗生素类用药等;医药商业板块以药品及医疗器械的物流配送为主。2005 年罗欣药业发行 H 股在香港联合交易所上市(罗欣药业,8058.HK)。2017 年 6 月罗欣药业私有化退市。其三年的财务状况和经营成果如表 1-5-3 所示。

表 1-5-3　罗欣药业基本财务指标

单位:万元

项目	2018 年 12 月 31 日	2017 年 12 月 31 日	2016 年 12 月 31 日
总资产	597,400.68	579,959.02	466,902.79
总负债	278,858.45	240,349.68	180,581.70
所有者权益	318,542.23	339,609.34	286,321.09

续表

项目	2018 年	2017 年	2016 年
营业收入	621,129.48	524,763.23	473,315.77
利润总额	57,037.62	56,555.60	46,842.69
净利润	52,010.14	49,585.29	41,943.11

(三)重大资产重组方案精要

本次交易方案包括重大资产置换、股份转让及发行股份购买资产。

1. 重大资产置换

东音股份除保留 2.6791 亿元的货币现金、可转债外,在扣除东音股份 2018 年度现金分红后,将不超过 10 亿元的其余资产及负债作为拟置出资产,与交易对方持有的罗欣药业 99.65472% 的股权中的等值部分进行资产置换,拟置出资产最终承接主体为方某宝指定的主体。如有出售资产,则由资产承接方以货币现金方式向东音股份支付购买。截至《东音股份重组预案》签署日,评估工作尚未完成,拟置出资产的预估值为 8.9 亿元,拟置入资产的预估值为 75.43 亿元。

2. 股份转让

上市公司控股股东、实际控制人方某宝及其一致行动人李某琴、方某晖、方某音分别转让 19,447,500 股、20,338,400 股、4,095,000 股、16,380,000 股,合计 60,260,900 股东音股份股票,占上市公司总股本的比例为 29.9999%。股份转让价格为 14.2712 元/股,交易对价合计为 859,995,356 元。上述股票的受让方为克拉玛依欣华、克拉玛依恒佳、成都欣华。

3. 发行股份购买资产

东音股份拟以非公开发行 A 股股份的方式向交易对方按其各自持有拟置入资产的比例发行股份购买拟置入资产与拟置出资产的差额部分。在本次交易完成后,交易对方将成为上市公司股东,上市公司的控股股东变更为罗欣控股,上市公司的实际控制人变更为刘某起、刘某腾父子。

4. 业绩承诺及补偿

业绩承诺方承诺本次重大资产重组实施完毕后,罗欣药业在 2019 年、2020 年和 2021 年实现的净利润分别不低于 5.5 亿元、6.5 亿元和 7.5 亿元,相关净利润为经审计的扣非后归母净利润。若本次重组未能在 2019 年 12 月 31 日(含当日)前完成，则前述期间将往后顺延为2020年、2021年、2022年。

5. 交易完成后上市公司股权结构

在本次交易前，上市公司的控股股东、实际控制人为方某宝；在交易完成后，上市公司的控股股东为罗欣控股，实际控制人为刘某起、刘某腾父子。本次交易将导致公司控制权变更。

二、案例分析

(一)行权过程

2019年5月21日，投服中心参加东音股份重大资产重组媒体说明会，现场向东音股份及罗欣药业提出两方面问题：一是仿制药政策对罗欣药业经营业绩的影响；二是罗欣药业盈利预测增长较快的依据和合理性。2019年12月31日，本次重大资产置换及发行股份购买资产暨关联交易事项获得中国证监会的核准。2020年5月12日，东音股份更名为罗欣药业。

(二)行权内容分析

1. 仿制药政策对罗欣药业经营业绩的影响

《东音股份重组预案》披露，罗欣药业在呼吸、消化和抗生素类药品方面拥有“润津”“兰川”“卡佩莱”(均为商品名)等11种主要产品。标的公司官网显示，截至2018年12月21日，罗欣药业通过了盐酸氨溴索(商品名“润津”)、卡托普利片、头孢氨苄胶囊、奥美拉唑肠溶胶囊、头孢拉定胶囊、辛伐他汀片等多项仿制药质量与疗效一致性评价，注射用兰索拉唑(商品名“兰川”)完成了申报，其他多个呼吸系统、心脑血管系统、消化系统、抗感染等重大疾病治疗领域的口服固体品种和注射剂品种将在未来2年内(2020年之前)陆续完成仿制药质量与疗效一致性评价的申报。投服中心工作人员于2019年5月19日最后一次登录国家药品监督管理局药品评审中心查阅“通过一致性评价信息”发现，罗欣药业披露的11项主要产品中只有“盐酸氨溴索片”通过一致性评价。

根据国家相关政策的规定，对于通过仿制药一致性评价的药品品种，在医保支付方面予以适当支持，医疗机构应优先采购并在临床中优先选用。同品种药品通过仿制药一致性评价的生产企业达到3家以上的，在药品集中采购等方面不再选用未通过仿制药一致性评价的品种。所以,未通过一致性评价的产品很可能会被市场淘汰,能否通过一致性评价对罗欣药业很重要。目前,罗欣药业的 11 项主要产品中,只有“盐酸氨溴索片”通过了一致性评价。请标的公司说明其他主要产品在 2020 年前申报一致性评价的难度以及目前的进展。如无法按期通过,可能对罗欣药业未来的经营业绩造成重大影响。《东音股份重组预案》披露,本次交易的评估工作尚未完成,建议估值时应考虑一致性评价未通过的风险并做相应的估值减值。

2. 罗欣药业盈利预测增长较快的依据和合理性

《东音股份重组预案》披露,随着药品价格改革,医药市场竞争的加剧,以及医院药品招标采购等一系列药品价格调控政策的进一步推广,预计我国药品降价趋势仍将继续。参考恒瑞医药(股票代码为 600276. SH)、奥赛康(股票代码为 002755. SZ)2018 年的年报,一致性评价、带量采购等政策使药价大幅下降,平均降幅达到 52%。医药行业整体的平均利润很可能会下降,但是,罗欣药业未来在研发方面的成本和费用却有提高的趋势。

《东音股份重组预案》披露,药品开发具有高投入、高风险、高收益和周期长的特点,研发创新、生产设施、质量体系及技术团队的搭建都需要大量资金投入。罗欣药业将通过加大研发投入和丰富研发产品线来提升盈利能力。一致性评价工作亦使仿制药企业不得不加大研发投入,经查阅罗欣药业的竞争对手披露的在已通过一致性评价药品上的研发投入,恒瑞医药在盐酸氨溴索片项目上投入的研发费用约为人民币 1004 万元,白云山(股票代码为 600332. SH)在头孢呋辛酯片上已投入约 900 万元的研发费用。罗欣药业称,其正在推进多种药品一致性评价申报工作,未来将面临大量研发资金支出。《东音股份重组预案》披露,罗欣药业在积极布局新药研发体系。但新药研制具有高风险、高投入、周期长的特性,药品从前期研发到临床试验,从注册申报到产业化生产的周期长、环节多,容易受到不确定性因素的影响,因此,在短期内新药很可能无法成为罗欣药业利润的重要增长点。《东音股份重组预案》披露,本次业绩承诺是综合考虑了政策、市场环境等因素,针对标的公司现有的主营业务、产品线储备以及未来业务发展规划等因素作出的审慎判断。在制定业绩承诺时,罗欣药业应当考虑药品降价、医药行业利润下降的整体趋势,以及罗欣药业研发投入加大、新药研制不确定等因素。在此情况下,请罗欣药业说明盈利预测高速增长的合理性。

根据罗欣药业在香港联合交易所上市期间披露的数据,2011～2016 年的溢利分别为 42,668.4 万元、44,010.9 万元、42,870.2 万元、44,386.5 万元、49,060.7 万元和 38,066.8 万元,2011～2015 年溢利的年均复合增长率为 3.55%,2016 年的溢利下滑 22.41%。《东音股份重组预案》披露,2016～2018 年的扣非后归母净利润分别为 41,158.70 万元、49,599.55 万元和 50,773.05 万元,复合增长率为 11.07%,但这主要得益于 2016 年业绩下滑导致的基数低,使 2017 年净利润增长了 20.51%,2018 年比 2017 年仅增长了 2.00%。所以结合 2011～2018 年的净利润,投服中心认为 3.00% 左右的增长率才是罗欣药业的常态。但本次交易预测罗欣药业 2019～2021 年扣非后归母净利润分别不低于 5.5 亿元、6.5 亿元和 7.5 亿元,复合增长率高达 16.77%。上市公司应说明罗欣药业 2019～2021 年的预测业绩突增的依据、具体的业绩增长点以及该业绩增长点能否对冲罗欣药业药品降价、成本提高可能带来的负面影响。

案例6　丹化科技发行股份购买斯尔邦

2019年6月14日,丹化化工科技股份有限公司(以下简称丹化科技,股票代码为600844)公告了《发行股份购买资产暨关联交易预案》(以下简称《丹化科技重组预案》),拟通过发行股份的方式购买江苏斯尔邦石化有限公司(以下简称斯尔邦)100%的股权。

一、案例简介

(一)上市公司基本情况

丹化科技成立于1994年,于1994年3月11日在上海证券交易所主板上市交易。发布《丹化科技重组预案》时,丹化科技股价为4.31元/股,总股本为1,016,524,240股,总市值40.20亿元。在本次交易前,江苏丹化集团有限责任公司(以下简称丹化集团)及其全资子公司合计控制公司股份比例为19.79%,丹化集团为上市公司的控股股东。丹阳市人民政府国有资产监督管理办公室持有丹阳投资集团有限公司100%的股权,丹阳投资集团有限公司持有丹化集团100%的股权。因此,丹阳市人民政府系上市公司实际控制人。

丹化科技主要生产乙二醇、草酸等,其中乙二醇是主要产品。其三年的财务状况和经营成果如表1-6-1所示。

表1-6-1　丹化科技基本财务指标

单位:万元

项目	2018年12月31日	2017年12月31日	2016年12月31日
总资产	339,213.65	380,662.92	330,914.99
总负债	63,492.76	106,068.73	91,867.93

续表

项目	2018年12月31日	2017年12月31日	2016年12月31日
股东权益	275,720.88	274,594.19	239,047.06
项目	2018年	2017年	2016年
营业收入	143,323.48	133,131.69	71,200.82
利润总额	2401.22	38,455.26	-28,013.29
净利润	867.21	35,087.13	-25,390.44

（二）标的公司基本情况

本次交易拟购买的资产为斯尔邦100%的股权，交易对方为盛虹石化集团有限公司（以下简称盛虹石化）、连云港博虹实业有限公司（以下简称博虹实业）、建信金融资产投资有限公司（以下简称建信投资）、中银金融资产投资有限公司（以下简称中银资产）。

斯尔邦设立于2010年12月，由吴江信泰实业有限公司和吴江嘉誉实业发展有限公司设立。后经多次增资、股权转让，其股东变更为盛虹石化、博虹实业、建信投资、中银资产，其持股比例分别为80.91%、4.55%、9.09%、5.45%。斯尔邦的控股股东为盛虹石化。缪某某、朱某某夫妇通过盛虹石化、博虹实业合计控制斯尔邦85.45%股权，为斯尔邦的实际控制人。

斯尔邦主要从事高附加值烯烃衍生物的研发、生产与销售。其三年及一期的主要财务状况如表1-6-2所示。

表1-6-2　斯尔邦主要财务数据

单位：万元

项目	2019年4月30日	2018年12月31日	2017年12月31日	2016年12月31日
总资产	1,761,675.01	1,955,412.15	1,704,660.26	1,475,007.85
总负债	1,054,869.37	1,380,200.75	1,255,643.15	1,102,625.63
股东权益	706,805.64	575,211.40	449,017.11	372,382.22
项目	2019年1~4月	2018年	2017年	2016年
营业收入	377,527.21	1,146,951.95	765,081.50	178,391.40
营业成本	317,273.89	1,000,420.65	627,823.97	165,133.80
净利润	31,594.23	30,287.16	76,042.02	1404.00

(三)重大资产重组方案精要

1. 发行股份购买资产

上市公司拟通过发行股份的方式购买交易对方合计持有的斯尔邦 100% 的股权,使斯尔邦成为上市公司全资子公司。本次交易标的资产的初步定价为 110 亿元,按照本次发行股份购买资产价格 3.66 元/股计算,本次上市公司拟向交易对方合计发行股份 3,005,464,479 股,其中,向盛虹石化发行 2,431,693,989 股、向博虹实业发行 136,612,021 股、向建信投资发行 273,224,043 股、向中银资产发行 163,934,426 股。最终发行股份数量将根据最终交易对价进行调整,并以上市公司股东大会批准并经中国证监会核准的发行股份数量为准。

2. 业绩承诺与补偿协议

补偿义务人同意并承诺,标的公司 2019 年、2020 年、2021 年扣非后归母净利润合计不低于 28.50 亿元;具体各年度承诺净利润将以具有证券、期货相关业务资格的资产评估机构出具并经有权国有资产主管单位备案的评估报告确定的预测净利润数为基础,经由上市公司与补偿义务人协商一致确定,并另行签署补充协议。若本次重组未能在 2019 年 12 月 31 日(含当日)前完成,则承诺期相应顺延至 2020 年度、2021 年度、2022 年度。

3. 交易完成后丹化科技股权结构

在本次交易前,上市公司的总股本为 1,016,524,240 股,其中 A 股 822,730,634 股,B 股 193,793,606 股;丹化集团持有上市公司 180,050,050 股 A 股股份,为公司控股股东。根据本次交易方案及预估作价测算,在本次交易完成后,公司总股本将增至 4,021,988,719 股,盛虹石化及其一致行动人博虹实业合计持有公司约 63.86% 股份,盛虹石化将成为公司控股股东,缪某某、朱某某夫妇将成为公司的实际控制人。本次交易完成后的股权结构如表 1-6-3 所示。

表 1-6-3　本次重组前后上市公司股权结构

股东名称	本次交易前		本次交易后	
	持股数量(股)	持股比例(%)	持股数量(股)	持股比例(%)
丹化集团	180,050,050	17.71	180,050,050	4.48
丹化工程等 5 家公司	21,083,657	2.07	21,083,657	0.52

续表

股东名称	本次交易前		本次交易后	
	持股数量(股)	持股比例(%)	持股数量(股)	持股比例(%)
盛虹石化	—	—	2,431,693,989	60.46
博虹实业	—	—	136,612,021	3.40
建信投资	—	—	273,224,043	6.79
中银资产	—	—	163,934,426	4.08
其他A股股东	621,596,927	61.16	621,596,927	15.45
B股股东	193,793,606	19.06	193,793,606	4.82
合计	1,016,524,240	100.00	4,021,988,719	100.00

二、案例分析

(一)行权过程

2019年6月21日,投服中心参加丹化科技重大资产重组媒体说明会,现场向丹化科技提出三个方面的问题:一是未来行业产能过剩、竞争加剧是否对承诺业绩的实现情况造成影响;二是丙烯腈下游行业开工率下滑、景气度不高、需求放缓,将如何保障标的公司实现高承诺业绩;三是业绩承诺、标的公司预估值是否已充分考虑丙烯腈二期技改项目存在不能按期投产的风险。2020年9月22日,丹化科技公告决定终止本次重大资产重组事项。

(二)行权内容分析

1.国内新增丙烯腈项目将集中于2019年或2020年投产,产能增长速度较快,但下游消费结构未发生变化,未来行业产能过剩、竞争加剧可能对承诺业绩的实现情况造成影响

根据隆众资讯[①]的统计数据,截至2017年年底,我国丙烯腈的有效产量在195万吨左右,随着中化泉州、中海油东方石化等项目未来投产,预计2018~2020年我国丙烯腈将新增产能131万吨,丙烯腈行业产能将出现爆炸式增长。丙烯腈下游主

① 隆众资讯是中国能源化工资讯和市场价格指数的供应商,前身为中国石化商情网,属中国石化二级信息机构,自1988年起追踪报道全球能源和化工品市场。

要应用领域为丙烯腈－丁二烯－苯乙烯共聚物(Acrylonitrile Butadiene Styrene，ABS)树脂、腈纶、丙烯酰胺/聚丙烯酰胺、丁腈橡胶和己二腈等。据隆众资讯数据统计,丙烯腈 2013 年、2015 年及 2017 年的下游领域的消费量分别为腈纶领域 64.54 万吨、66.87 万吨及 66.03 万吨,每年占丙烯腈下游消费总量的比例稳定在 33%～38%;树脂领域为 48.42 万吨、71.35 万吨、77.74 万吨,每年占丙烯腈下游消费总量的比例稳定在 30%～38%;丙烯酰胺领域为 29.25 万吨、39.39 万吨、40.56 万吨,每年占丙烯腈下游消费总量的比例在 20%左右;其他领域为 23.54 万吨、7.78 万吨及 15.67 万吨,每年占丙烯腈下游消费总量的比例在 10%左右。因此,可以看出近年来丙烯腈下游领域的消费结构十分稳定、未发生变化。根据隆众资讯、智研咨询[①]的研究报告,丙烯腈 2015～2017 年的表观消费量分别为 185.3 万吨、202.3 万吨、200.7 万吨,3 年平均消费增长率为 4.6%,复合增长率在 4%左右,按照年均 5%的需求增长率计算,预测 2018～2020 年丙烯腈需求增长约为 30 万吨左右,远低于国内丙烯腈 131 万吨的新增产能。由于目前国内丙烯腈的出口比重较小(2016 年之前我国丙烯腈出口额为零,2017～2019 年 1～4 月累计出口量分别为 7850 吨、4936.61 吨及 4024.36 吨),未来丙烯腈行业将面临产能过剩、行业竞争加剧的状况,将必然影响丙烯腈的终端定价及行业内企业的盈利能力。需要标的公司说明在面临未来丙烯腈行业产能过剩、市场份额可能下降以及利润下滑的风险下,高承诺业绩是否可以实现,标的公司将如何应对前述行业风险。

2. 丙烯腈下游行业开工率下滑、景气度不高、需求放缓,将如何保障标的公司实现高承诺业绩

《丹化科技重组预案》披露,标的公司的主要产品丙烯腈广泛用于 ABS 树脂、腈纶、丙烯酰胺等行业,涉及国民经济的多个领域,受经济波动的影响较为显著,一旦宏观经济的景气度出现大幅下滑,行业整体增长将承受较大压力。卓创资讯[②]数据显示,腈纶、ABS 树脂及丙烯酰胺占丙烯腈整体下游行业消费量的 90%,其中腈纶及 ABS 树脂占比最高。依据隆众资讯的统计数据,截至 2019 年 5 月底,丙烯腈的主要下游领域腈纶、丙烯酰胺的月度开工率仅为 63%和 67%,同比下降了 8%及

① 详见智研咨询发布的《2018—2024 中国丙烯腈市场分析预测及发展趋势研究报告》。

② 卓创资讯成立于 2004 年,专注能源、化工、塑料、橡胶、钢铁等大宗商品行业资讯服务。

1%。下游腈纶行业由于受纺织品整体需求疲软，自2017年起出现产量过剩状态，大量腈纶厂商面临持续严重亏损，进入大面积限产状态，整体行业开工率维持在60%左右，产量明显下降。同时，下游产品ABS树脂/塑料主要用于白色家电、汽车等领域，其中白色家电行业自2018年以来呈增速放缓趋势，而汽车行业目前景气度低迷，2018年汽车产销增速低于预期，行业主要经济效益指标增速趋缓。依据中国汽车工业协会发布的2019年5月汽车产销数据，5月汽车产销量分别为184.8万辆和191.3万辆，同比分别下降了21.2%和16.4%，汽车主机厂放缓生产速度，将使ABS树脂需求进一步减少。需要标的公司说明在下游行业开工率下滑、景气度不高、需求放缓的背景下，其将如何实现高承诺业绩。

3. 业绩承诺、标的公司预估值是否已充分考虑丙烯腈二期技改项目存在可能不能按期投产的风险

《丹化科技重组预案》披露，丙烯腈二期技改项目将于2019年下半年投产，已经取得相应施工许可证、环评批复等建设手续，存在因建设进度、验收手续、意外事件或其他原因导致项目不能按期投产的风险。若技改项目不能按期投产，将影响标的公司的盈利能力，导致承诺业绩无法实现。根据隆众资讯披露的全国丙烯腈厂家装置动态统计，标的公司曾于2018年11月7日凌晨发生意外停车，11月10日重启恢复，目前装置动态不明。需要标的公司说明2018年11月意外停车的主要原因，是否存在再次发生的可能从而影响技改项目的进展。同时，需标的公司进一步说明目前技改项目的建设进度、预计验收时间、可能无法按期投产的具体原因，以及目前标的公司的业绩承诺、交易预估值是否已充分考虑标的公司可能不能按期投产的风险。

案例7　同达创业发行股份购买三三工业

2019年8月12日，上海同达创业投资股份有限公司（以下简称同达创业，股票代码为600647）公告了《发行股份购买资产暨关联交易预案》（以下简称《同达创业重组预案》），拟以发行股份方式购买辽宁三三工业有限公司（以下简称三三工业）100%的股权。

一、案例简介

（一）上市公司基本情况

同达创业成立于1991年，于1993年5月4日在上海证券交易所主板上市交易。发布《同达创业重组预案》时，同达创业股价为14.75元/股，总股本为139,143,550股，总市值20.52亿元。在本次交易前，同达创业控股股东为信达投资有限公司（以下简称信达投资），持股比例为40.68%，实际控制人为财政部。

同达创业所属行业为批发业，2019年上半年营业收入主要源于全资子公司上海同达创业贸易有限公司（以下简称同达贸易）销售收入和公司经营性物业租金收入。同达贸易由于前期代理品种经销权被终止，销售收入出现大幅下降。2019年上半年同达贸易积极开拓新的贸易业务，实现销售收入1371万元。同达创业三年及一期的财务状况和经营成果如表1－7－1所示。

表1－7－1　同达创业基本财务指标

单位：万元

项目	2019年6月30日	2018年12月31日	2017年12月31日	2016年12月31日
总资产	49,259.61	47,392.57	55,097.87	60,545.80
总负债	17,215.19	17,752.25	18,774.32	19,518.31

续表

项目	2019年6月30日	2018年12月31日	2017年12月31日	2016年12月31日
股东权益	32,044.42	29,640.33	36,323.55	41,027.49
项目	2019年1~6月	2018年	2017年	2016年
营业收入	1510.52	2039.67	2368.67	7560.01
利润总额	2386.94	-4054.08	1361.94	11,073.62
净利润	2399.09	-5987.50	869.61	7952.06

(二)标的公司基本情况

在本次重组交易中,购买三三工业100%的股权的交易对方为刘某征、刘某仲、刘某珍、辽阳汇金投资管理中心(有限合伙)(以下简称汇金投资)、辽阳汇智投资管理中心(有限合伙)(以下简称汇智投资)、辽阳汇力投资管理中心(有限合伙)(以下简称汇力投资)、信达投资、信达创新投资有限公司(以下简称信达创新)。三三工业于2009年在辽阳市成立,截至《同达创业重组预案》签署之日,三三工业的股权结构如表1-7-2所示。

表1-7-2 三三工业股权结构

股东名称	持股比例(%)
刘某征	55.00
刘某仲	20.50
刘某珍	12.00
汇金投资	7.50
汇智投资	4.00
汇力投资	1.00
合计	100.00

三三工业专业从事特大型智能装备盾构机/Tunnel Boring Machine(TBM)隧道掘进机的研究、设计、生产制造和销售,三三工业可生产土压平衡盾构机、泥水平衡盾构机、硬岩TBM、异形盾构机和垂直盾构机五大类产品,产品直径从2~24米不等,其中硬岩TBM、大型泥水盾构机、双模式盾构机、垂直盾构机等制造技术处于国际领先水平。截至《同达创业重组预案》签署日,相关审计工作尚未完成,根据未经审计的财务数据,三三工业三年及一期主要财务数据如表1-7-3所示。

表 1-7-3　三三工业主要财务数据

单位:万元

项目	2019 年 6 月 30 日	2018 年 12 月 31 日	2017 年 12 月 31 日	2016 年 12 月 31 日
总资产	290,314.80	249,753.09	226,837.07	173,926.18
总负债	251,629.19	214,873.37	211,005.05	169,649.07
股东权益	38,685.61	34,879.72	15,832.02	4277.10
项目	2019 年 1~6 月	2018 年	2017 年	2016 年
营业收入	30,150.95	109,276.76	71,833.62	38,367.34
营业成本	17,064.47	63,057.53	43,503.49	22,383.30
净利润	3563.28	18,285.59	12,366.07	3857.00

(三)发行股份购买资产暨关联交易方案精要

同达创业拟以发行股份的方式向刘某征、刘某仲、刘某珍、汇金投资、汇智投资、汇力投资、信达投资、信达创新购买其合计持有的三三工业 100% 的股权。交易完成后,三三工业将成为上市公司的全资子公司,上市公司的实际控制人变为刘某征、刘某仲、刘某珍。本次交易构成重组上市。通过本次交易,同达创业的主营业务将变更为特大型智能装备盾构机/TBM 隧道掘进机的研究设计、生产制造和销售。

1. 估值及交易价格

截至《同达创业重组预案》签署之日,三三工业的审计、评估工作尚未完成。经交易各方友好协商,同意本次交易的评估基准日为 2019 年 6 月 30 日,三三工业 100% 股权的预估值为 44 亿元。考虑本次交易的基准日后三三工业不超过 6.5 亿元的增资安排,本次交易的标的资产预估交易价格为 50.5 亿元。

2. 发行股份购买资产的发行价格

本次发行股份购买资产的定价基准日为上市公司第八届董事会第十四次会议决议公告日,发行价格不低于定价基准日前 20 个交易日上市公司股票均价的 90%(13.156 元/股),即 13.16 元/股。以预估交易价格为基础计算,发行数量为 383,738,598 股。具体发行股份数量将根据具有证券、期货相关业务资格的资产评估机构出具并经有权国有资产主管单位备案的标的资产评估结果及最终交易价格确定。

3. 业绩承诺及补偿协议

根据上市公司与补偿义务人刘某征、刘某仲、刘某珍、汇智投资签署的《业绩预测补偿协议》，补偿义务人承诺，三三工业2019年、2020年、2021年扣除非经常性损益后归属于母公司的净利润分别不低于2.8亿元、3.9亿元及5.3亿元。若三三工业实际实现净利润未达到对应承诺净利润，则补偿义务人将对上市公司承担业绩补偿义务。若本次重组未能在2019年12月31日（含当日）前实施完毕，则承诺期相应延至2022年度。

4. 交易完成后同达创业股权结构

在本次交易前，公司总股本为139,143,550股，信达投资持有上市公司56,606,455股股份，为公司控股股东。根据本次交易方案及预估作价测算，本次交易完成后，公司总股本将增至522,882,148股，刘某征、刘某仲、刘某珍及其一致行动人汇智投资预计合计持有上市公司53.42%的股份，刘某征、刘某仲、刘某珍成为同达创业实际控制人。

二、案例分析

（一）行权过程

2019年8月28日，投服中心参加同达创业重大资产重组媒体说明会，现场向同达创业提出三个方面的问题：一是业绩承诺可实现性；二是三三工业核心竞争优势；三是本次交易估值合理性。2019年10月25日，同达创业终止了本次重组。

（二）行权内容分析

1. 业绩承诺可实现性

目前，我国盾构机主要运用于地铁建设，根据《同达创业重组预案》的规定，三三工业在国内的订单也集中在地铁领域。地铁建设属于基础设施建设领域，受国家政策、财政支出等因素影响较大。在国家政策方面，根据交通部数据，2018年年末我国城市轨道交通运营线路总长度5295.1千米，距“十三五”规划目标仅余约700千米。2018年7月国务院办公厅发布了《关于进一步加强城市轨道交通规划建设管理的意见》，指出部分城市地铁建设存在“规划过度超前、建设规模过于集中”等问题，同时严格了地铁建设申报条件。在财政收支方面，随着我国大幅减税降费政策的实施,2018年减税降费金额达1.3万亿元,2019年预计全年减税降费约2万亿元。2019年上半年我国公共财政收入累计同比增速3.4%,为2010年来同期最低水平;公共财政支出累计同比增速10.7%,为2010年来的次低水平。地方债终身问责机制也导致地方政府举债更为谨慎。根据统计局数据,2018年我国基础设施建设投资额同比增速1.79%,2019年上半年累计同比增速2.95%,均处于历史低位。此次交易业绩补偿期为2019~2021年,承诺净利润为2.8亿元、3.9亿元和5.3亿元,复合增长率达37.58%。在上述背景下,请对三三工业业绩承诺可实现性进行进一步说明。

2. 核心竞争优势

盾构机属于重资产设备,制造工艺复杂,技术附加价值高,对设备制造企业的资金和技术实力均有较高要求。根据中国工程机械工业协会掘进机分会的数据,2016年以来,中铁装备、铁建重工和中交天和盾构机年产量稳居行业前三,市占率从2016年的65.7%提升至2018年的70.3%,三三工业2016年以来市占率在12%左右。在资金实力方面,中铁装备、铁建重工和中交天和分别为中铁工业、中国铁建和振华重工的子公司,2018年年末资产规模分别为94.62亿元、160.97亿元和43.94亿元,资金实力雄厚。2018年年末三三工业总资产24.98亿元,总体规模与行业龙头尚有一定差距。在技术方面,中铁装备和铁建重工拥有全断面隧道掘进机特级生产资质,中铁装备研发了我国首台具有自主知识产权的复合式土压平衡盾构机,制造了全球首台马蹄形盾构机等,铁建重工成功研发了全球首台煤矿斜井TBM、永磁同步驱动土压平衡盾构机等。2016年中铁装备及其子公司共拥有专利253项。三三工业未披露具体知识产权和专利情况。收购卡特彼勒加拿大公司后,三三工业承继了其研发设计、工艺等团队,收购第二年盾构机产量的市场占有率从3%提升至13%,但在接下来的年份里并没有进一步提升。上市公司应说明相较技术资金背景更强的行业龙头企业,三三工业具备哪些核心竞争力;在经营策略和研发方面做了哪些准备以保证在未来能够持续地获取订单。

3. 估值合理性

2017年中铁工业通过资产置换,取得了盾构机行业龙头企业中铁装备100%的股权。中铁装备100%的股权采用收益法评估结果,评估价值29.41亿元,评估增值率266.85%。三三工业100%的股权预估值为44亿元,经计算评估增值率约为

1037%，远高于中铁装备的评估增值率。根据中铁工业当时的交易报告书，2015 年中铁装备实现营业收入 16.04 亿元，净利润 2.32 亿元，全断面隧道掘进机产能 100 台，产量 60 台，在国内土压平衡盾构机市场占有率高达 30% 以上，是国内盾构机行业龙头企业。此次《同达创业重组预案》披露，2018 年三三工业实现营业收入10.93 亿元，净利润 1.83 亿元。根据中国工程机械工业协会掘进机分会发布的数据，2018 年三三工业生产盾构机 67 台，占国产盾构机总量约 12%。上市公司应结合上述情况，说明此次交易是否高估了三三工业的股权价值。

案例8　上海贝岭支付现金购买南京微盟

2019年10月18日，上海贝岭股份有限公司（以下简称上海贝岭或公司，股票代码为600171）公告了《关于收购南京微盟电子有限公司100%股权暨关联交易的公告》（以下简称《上海贝岭公告》），拟以支付现金方式收购南京微盟电子有限公司（以下简称南京微盟或标的公司）100%的股权。

一、案例简介

（一）上市公司基本情况

上海贝岭成立于1988年，于1998年9月24日在上海证券交易所主板上市交易。发布《上海贝岭公告》时，上海贝岭股价为14.79元/股，总股本为703,840,714股，总市值104.10亿元。华大半导体有限公司（以下简称华大半导体）所持股份数占公司总股本的25.32%，为公司控股股东。上海贝岭的实际控制人为中国电子信息产业集团有限公司。

上海贝岭属于集成电路设计行业，提供模拟和数模混合集成电路及系统解决方案。公司专注于集成电路芯片设计和产品应用开发，是国内集成电路产品主要供应商之一，集成电路产品业务细分为智能计量及系统级芯片（System on Chip，SoC）、电源管理、非挥发存储器、高速高精度模拟数字转换器（Analog-to-digital Converter，ADC）、工控半导体等五大产品领域，主要目标市场为电表、手机、液晶电视及平板显示、机顶盒等各类工业及消费电子产品。上海贝岭三年及一期的财务状况和经营成果如表1－8－1所示。

表 1-8-1 上海贝岭基本财务指标

单位：万元

项目	2019 年 9 月 30 日	2018 年 12 月 31 日	2017 年 12 月 31 日	2016 年 12 月 31 日
总资产	325,054.45	270,777.41	274,791.53	210,518.56
总负债	27,814.79	25,005.52	32,671.47	23,039.40
股东权益	297,239.66	245,771.88	242,120.07	187,479.16
项目	2019 年 1~9 月	2018 年	2017 年	2016 年
营业收入	64,187.62	78,434.44	56,187.40	50,909.39
利润总额	19,221.29	10,465.88	17,137.90	4020.26
净利润	17,269.26	10,334.53	17,505.08	4055.94

（二）标的公司基本情况

在本次重组交易中，购买南京微盟 100% 股权的交易对方为华大半导体、国投高科技投资有限公司（以下简称国投高科）、杨某、乔某某、叶康某、张某某、黄某、叶明某、欧阳某某。南京微盟于 1999 年在南京成立，截至本次交易可行性研究报告出具之日，其股权结构如表 1-8-2 所示。

表 1-8-2 南京微盟股权结构

股东名称	出资额（万元）	股权比例（%）
华大半导体	620	41.33
国投高科	500	33.33
杨某	130	8.68
乔某某	75	5.00
叶康某	60	4.00
张某某	60	4.00
叶明某	20	1.33
黄某	20	1.33
欧阳某某	15	1.00
合计	1500	100.00

南京微盟专注于高性能、高品质模拟集成电路和数模混合电路设计及销售，产品线广泛，覆盖电源管理领域主要产品。南京微盟主要产品为电源管理芯片（Power Management Integrated Circuits），分为三大类：DC 产品线、AC 产品线、数模混合产品线。其中 DC 产品线包括 LDO、DC/DC、充电管理等；AC 产品线包括

AC/DC、智能 LED 照明等;数模混合产品线包含 MCU、USB Type-C、ADC 等产品。南京微盟最近一年及一期主要财务数据如表 1－8－3 所示。

表 1－8－3　南京微盟主要财务数据

单位:万元

项目	2019 年 6 月 30 日	2018 年 12 月 31 日
总资产	16,693.87	17,424.33
总负债	6393.65	7381.16
股东权益	10,300.22	10,043.17
项目	2019 年 1～6 月	2018 年
营业收入	8931.00	17,555.09
利润总额	745.39	1242.12
净利润	707.04	1185.66

(三)支付现金购买资产暨关联交易方案精要

上海贝岭拟以支付现金方式,收购南京微盟 100% 的股权,本次交易不构成重大资产重组。

1. 估值及交易作价

本次交易主要采用收益法和市场法进行评估,评估基准日为 2019 年 6 月 30 日。收益法下被评估单位股东权益账面值为 10,300.22 万元,评估值 36,000.00 万元,评估增值 25,699.78 万元,增值率 249.51%。市场法下被评估单位股东权益账面值为 10,300.22 万元,评估值为 34,700.00 万元,评估增值为 24,399.78 万元,增值率 236.89%。评估机构最终选用收益法评估结果作为南京微盟股东全部权益价值评估结论。本次交易总价为人民币 3.60 亿元。

2. 支付方式

本次交易的支付方式为现金支付,不涉及发行股份购买资产。

3. 业绩承诺及业绩奖励

本次交易中业绩承诺方为自然人杨某、乔某某、叶康某、张某某、黄某和欧阳某某(以下简称业绩承诺股东)。上述业绩承诺方对南京微盟 2019～2021 年的实际净利润(以扣除非经常性损益前后的净利润孰低值为准)进行承诺,承诺数额分别为 1890 万元、2860 万元和 3750 万元,业绩承诺方同时承诺 2019～2021 年累计实际净利润(以扣除非经常性损益前后的净利润孰低值为准)不低于人民币 8500 万元。

同时，如果南京微盟业绩承诺期内累计实际净利润超过8500万元，超出部分金额的50%将作为业绩承诺股东的业绩奖励（业绩奖励金额最高不超过本次股权转让的股权转让价款总额的20%），受让方应当促使南京微盟于2021年年度审计报告出具后30个工作日内将该部分业绩奖励发放给届时仍于南京微盟任职的业绩承诺股东，具体的分配比例由南京微盟经营层根据业绩承诺股东的实际任职及贡献情况确定。

二、案例分析

（一）行权过程

2019年11月5日，投服中心通过公开发声，就上海微盟业绩承诺可实现性、业绩承诺履约保障措施不足、评估报告披露是否充分提出质询，希望上海贝岭能对本次交易中存在的疑问在临时股东大会召开前向广大投资者充分释疑。2019年11月8日，上海贝岭发布了《关于媒体报道的说明公告》，对上述问题进行了详细说明，同时补充披露了本次交易所涉及的《南京微盟电子有限公司股东全部权益价值评估说明》。2019年11月29日，上海贝岭发布了《关于收购南京微盟电子有限公司100%股权暨关联交易的公告（修订稿）》，将业绩承诺方范围扩充至杨某、乔某某、叶康某、张某某、黄某、欧阳某某和华大半导体。

（二）行权内容分析

1. 所属行业整体增速平稳、部分下游领域需求放缓、标的公司市占率不高，标的公司能否实现高承诺业绩

公司公告，标的公司主要从事高性能、高品质模拟集成电路和数模混合电路设计及销售，主要产品为电源管理芯片，分为AC产品线、DC产品线及数模混合产品线。业绩承诺方承诺标的公司2019～2021年实现的净利润数分别不低于1890万元、2860万元及3750万元，3年累计不低于8500万元，承诺期年复合增长率高达40.86%。投服中心对标的公司未来能否实现如此高业绩增长存在以下疑问。

首先，依据Semiconductor、前瞻产业研究院统计，2015～2018年全球电源管理芯片市场规模分别为191亿美元、198亿美元、223亿美元及250亿美元，年复合增长率约为9.39%；根据工业和信息化部下属企业赛迪顾问统计，2012～2018年国内

电源管理芯片行业市场规模从 430.68 亿元增长至 681.53 亿元,年复合增长率为 7.95%。从全球、国内市场来看,电源管理芯片行业成长速度并不算很快,属于一个相对稳定的市场,近年来行业整体增速保持在 8% ~9%。由于电源管理芯片具有单价低、产品种类多、下游应用领域特别分散等特征,整体行业较难在短期内发生业绩爆发性增长。

其次,标的公司部分下游领域受宏观经济增速放缓等因素影响,正面临需求下行、下游行业不景气的风险。一是在下游智能手机市场领域,根据 Strategy Analytics 研究报告,2019 年全球智能手机市场规模再次出现同比下降,2019 年第二季度全球智能手机出货量同比下降 3%,虽下降幅度略有减少但行业整体需求下行趋势尚未扭转。二是标的公司所拥有的发光二极管(Light-Emitting Diode,LED)板块正处于周期底部,依据"中国产业信息网"发布的关于 2019 年上半年中国 LED 行业盈利情况的研究报告,2019 年第二季度 LED 行业整体营业收入为 251.50 亿元,同比下降 3.57%,归属于母公司净利润为 3.91 亿元,同比下降了 87%,由于 LED 下游需求疲软,叠加先前各芯片厂大幅扩产导致供给过剩,行业仍处于库存消化阶段,行业整体盈利能力处于下行阶段。三是受宏观经济增速放缓影响,下游家电行业、工业控制行业整体景气度有所回落,应用需求也可能面临增速下行风险。

最后,依据前瞻产业研究院发布的 2019 年中国电源管理芯片行业发展现状的报告,目前国内电源管理芯片公司竞争非常分散,全球电源管理芯片市场主要被海外公司占据,2018 年 TI、Qualcomm 等 5 家海外公司市占率高达全球电源模块行业的 71%,而标的公司 2018 年电源管理芯片销售额为 1.42 亿元,仅占 2018 年全球 250 亿美元市场份额的 0.08%左右。依据半导体行业观察的报告及业内人士反馈,由于电源管理芯片产业多与终端产业技术配合,电源相关的芯片不容易更换供应商,特别是在大电流、大电压领域如 ADC、DAC 高速转换产品在短期内很难实现技术突破。

综上所述,请说明标的公司在行业整体增速平稳、部分下游领域需求放缓、市占率不高的背景下,存在哪些核心竞争力以实现 40.86%的高速增长。标的公司是否存在新的应用产品以抵充部分传统应用领域的需求下滑,将采取何种措施迅速提升市占率以实现高业绩承诺。

2. 本次交易的业绩承诺履约保障措施不够充足

公司公告，公司应于交割日起10个工作日内向华大半导体、国投高科和叶某某一次性支付股权转让款，且须向业绩承诺股东支付股权转让款的55%；剩余股权转让款将按照承诺业绩完成情况分期支付。其中，业绩承诺股东包括杨某等6名自然人股东，持有标的公司24%的股权。而华大半导体（关联方）、国投高科和叶某某持有标的公司76%的股权，却未参与业绩承诺。按照前述协议约定，3.6亿元股权转让款中的3.2112亿元将于交割日起10个工作日内一次性支付，一旦标的公司未实现业绩承诺，剩余未支付的股权转让款不足以弥补上市公司的损失。虽然本次交易未构成重大资产重组，但考虑本次交易涉及向控股股东购买资产且以收益法估值作为定价基础，投服中心建议公司参考《上市公司重大资产重组管理办法（2019年修订）》第35条关于业绩补偿的规定，将业绩承诺股东范围扩充至标的公司的主要股东以加强业绩承诺履约保障力。

3.《评估报告》过于简单，建议补充披露评估机构出具的评估说明，以便投资者判断交易估值是否合理

上海东洲资产评估有限公司就本次交易出具了《评估报告》（东洲评报字〔2019〕第1054号），标的公司估值3.60亿元，较账面净资产1.03亿元，增值249.51%，本次交易采用收益法、市场法评估，最终选择收益法评估结论。但评估报告未披露标的公司未来收益预测数据（如收入、成本费用预测情况等）、盈利预测的分析及判断过程、标的公司与竞争对手的对比分析、折现率数据及数据确定的具体依据、可能面临的市场经营风险，也未披露评估机构关于对标的公司销售成本率、期间费用率、采购销售业务稳定性的必要分析和判断等内容。建议公司补充披露评估机构就本次交易出具的评估说明全文，向广大投资者充分说明评估机构对标的公司估值的合理依据。

案例9　商赢环球收购港大零售50.01%股权

2019年年底，商赢环球股份有限公司（以下简称商赢环球，股票代码为600146）公告拟收购港大零售国际控股有限公司（以下简称标的公司，01255.HK）50.01%股权。交易对方商赢金融控股有限公司（以下简称商赢金控公司）为公司实际控制人杨某控制，持有标的公司70.09%的股权，本次交易构成关联交易。

一、案例简介

（一）上市公司基本情况

商赢环球成立于1999年，于1999年7月在上海证券交易所上市。2019年12月10日发布关联交易公告时，商赢环球股价为14.74元/股，总股本为4.7亿股，总市值69.28亿元。商赢环球控股股东是商赢控股集团有限公司，持股比例为12.94%；实际控制人是杨某及其一致行动人，通过直接或间接持股方式，合计持有商赢环球23.88%的股权。

商赢环球属于服装制造业，主要从事纺织服装，集服装研发、设计、生产和销售于一体，主营业务按产品分类，包括布料贸易和成衣销售等，其中成衣产品以少女装、轻熟女装、运动服饰、青少年服饰为主，旗下包括One World、Live and Let Live、World Unity及Unity等多个女性服装自有品牌和运动潮牌Active等，其三年的财务状况和经营成果如表1－9－1所示。

表 1－9－1　商赢环球基本财务指标

单位:万元

项目	2018 年 12 月 31 日	2017 年 12 月 31 日	2016 年 12 月 31 日
总资产	227,921.93	420,641.30	395,442.47
总负债	110,059.50	121,950.43	105,044.61
股东权益	117,862.43	298,690.87	290,397.86
项目	2018 年	2017 年	2016 年
营业收入	216,250.21	218,743.33	42,967.22
利润总额	－177,586.26	16,463.86	2976.71
净利润	－183,056.44	12,764.09	3195.63

（二）标的公司基本情况

标的公司于2013 年7 月11 日在香港联合交易所(以下简称港交所)上市,主要从事时尚鞋类零售等业务,其一年及一期的主要财务数据如表 1－9－2 所示。

表 1－9－2　港大零售基本财务指标

单位:万元

项目	2019 年 6 月 30 日	2018 年 12 月 31 日
总资产	30,771.65	30,471.08
总负债	10,182.86	9712.50
股东权益	20,588.79	20,758.58
项目	2019 年截至 6 月 30 日	2018 年
营业收入	16,898.97	31,497.02
净利润	－277.53	－153.25

（三）关联交易方案精要

商赢环球拟与商赢金控公司签署《股权转让意向协议》,主要内容为商赢金控公司持有港大零售公司 70.09% 的股权,公司此次拟受让商赢金控公司所持有的港大零售公司 50.01% 的股权。因商赢环球实际控制人杨某亦为商赢金控公司的实际控制人,根据《上海证券交易所股票上市规则》,商赢金控公司为公司关联方,本次交易构成关联交易。由于本次交易的交易对价尚未最终确定,是否构成重大资产重组尚存在不确定性。

二、案例分析

(一)行权过程

2019年11月29日,投服中心通过公开发声方式对商赢环球行权:一是质疑公司在标的公司股价虚高时收购实控人资产是否存在利益输送;二是质疑本次收购的必要性;三是要求独立董事充分说明决策依据,同时呼吁中小股东积极行权。商赢环球于2019年12月17日宣布取消本次收购,控股股东将港大零售20%的股权直接赠与公司。

(二)行权内容分析

1. 商赢环球在标的公司股价虚高时收购实控人资产是否存在利益输送

商赢环球公告,本次交易的转让价格由交易双方依据标的公司2019年11月6日在港交所的收盘价为基础进行磋商确定,拟转让股份数为107,021,140股。依据Wind发布的数据,标的公司11月6日的收盘价为每股8.46港元,以此计算本次交易价格约9.05亿港元。依据标的公司在港交所的历史公告,2017年1月实际控制人杨某以每股4.00港元价格收购标的公司58.41%股权,成为标的公司控股股东;2018年3月1日标的公司曾以每股3.98港元的价格完成配售1400万股,且标的公司2017年至2018年的历史股价一直稳定在2.02港元至4.09港元。然而,2019年起标的公司股价突然大幅攀升,从2018年12月31日收盘价的2.35港元上升至2019年4月18日收盘价的13.00港元,股价涨幅约为453.2%。2019年9月27日,香港证监会对标的公司股价大幅波动发出特别公告,提示投资者由于标的公司股权高度集中,即使少量股份成交也可能引发股价大幅波动,建议投资者买卖该股票时审慎行事。同时,2019年9月15日,中国香港特别行政区Webb-site机构也曾对标的公司的股价泡沫发出预警报告,提示投资者避免持有该股票。截至2019年11月26日,标的公司的股价已下跌至每股4.60港元,低于11月6日收盘价8.46港元的价格约45.63%。

标的公司于2013年7月11日在港交所上市,主要从事时尚鞋类零售等业务。投服中心以2019年11月6日收盘价、2018年年报数据作为基础数据,将标的公司的估值水平与港交所上市的鞋类企业进行了比对,发现标的公司的市净率、市销率均远高于同行业其他企业,存在估值偏高状况(见表1-9-3,由于标的公司自2015年至2019年净利润持续为负,未就市盈率进行比对)。投服中心建议公司说明在标的公司股价虚高、估值水平明显偏高的情况下向实控人购买持续亏损的标的资产是否存在利益输送。

表1-9-3　港交所上市的鞋类企业对比

单位:%

行业分类	股票代码	公司名称	市净率	市销率
鞋类行业	00210.HK	达芙妮国际	0.14	0.06
	00551.HK	裕元集团	1.11	0.47
	00676.HK	创信国际	1.12	1.92
	00738.HK	莱尔斯丹	0.35	0.46
	01028.HK	千百度	0.30	0.17
	01121.HK	宝峰时尚	1.83	3.46
	01170.HK	信星集团	0.67	0.67
	01361.HK	361度	0.51	0.56
	01368.HK	特步国际	1.91	1.59
	01836.HK	九兴控股	1.48	0.88
	08187.HK	积木集团	5.27	0.96
	01255.HK	港大零售	8.24	5.04

资料来源:Wind。

2. 商赢环球财务状况堪忧、历史多数收购项目均失败,本次收购是否必要

商赢环球原名大元股份,是一家以石油炼化为主营业务的上市公司,2016年收购环球星光后公司主营业务变更为纺织服装、服饰的研发、生产和销售。近年来,公司快速并购扩张,不断收购海外品牌或资产,但对外投资项目却屡屡失败导致公司财务状况堪忧。2017年至2019年第三季度公司扣非后归母净利润分别为-5698.46万元、-20.55亿元及-2.84亿元,同比下降318.45%、3507.09%及371.44%;公司2018年及2019年第三季度经营活动产生的现金流量净额分别为-4.09亿元及-1.54亿元;截至2019年第三季度,公司货币资金仅3679.01万元,流动负债占总负债的比例高达94.46%。

一是历史并购标的无法实现承诺业绩、收购后业绩呈现断崖式下滑。例如,环

球星光2016年10月至2018年10月累计实现扣非后净利润-7.69亿元,业绩承诺完成率为-77.34%,与两年期间业绩承诺额相差17.64亿元;2017年8月公司通过环球星光下属企业DAI Holdings LLC收购DAI等经营性资产包,收购完成后DAI Holdings LLC 2018年营业利润出现亏损;2018年5月公司通过环球星光下属企业Active Holdings LLC收购ASLUSA和ARS拥有的经营性资产包,收购完成后当年Active Holdings LLC即出现业绩下滑。

二是商赢环球大幅计提商誉减值。2016年商赢环球收购环球星光时形成13.71亿元商誉,2018年年终商赢环球对环球星光计提商誉减值12.75亿元;同时,2018年终对DAI Holdings LLC及Active Holdings LLC计提商誉减值合计1962.48万美元,即收购当年或次年就对收购时形成的商誉全部计提减值。

三是商赢环球尚未收回业绩补偿款、终止交易的重组定金、预付房款,存在无法全额收回的风险。依据商赢环球发布的公告,业绩承诺补偿人罗某某、杨某尚未向商赢环球履行17.64亿元的业绩承诺补偿义务(商赢环球仅收回业绩补偿款4.70亿元),且业绩补偿人近期拟变更业绩承诺补偿方式及金额。2019年5月商赢环球终止Kellwood重大资产重组项目,但尚未收回交易对方应返还的定金3050.87万美元。2019年7月商赢盛世电商终止购买杭州昆润开发建设的房产,尚未收回1.93亿元预付购房款,前述款项存在无法全额收回的风险。

四是担保义务的履行、尚未完成的收购项目将进一步影响公司财务状况。2019年7月2日,商赢环球公告拟以人民币4.35亿元全现金方式收购主营母婴产品线上线下销售的日砾科技100%股权,尚未披露进一步的交易进展。2019年10月15日,商赢环球披露汇丰银行要求公司作为担保方为环球星光及下属公司2.76亿元借款承担担保义务、立即偿付债务。而本次收购将花费公司约9.05亿港元,若以债务融资方式筹集,将进一步加重商赢环球的偿债压力。投服中心建议商赢环球说明在财务状况堪忧、货币资金有限、短期偿债压力大、尚有大额补偿款及预付款未收回、历史收购项目多次失败的背景下,再次花费约9.00亿港元向实控人购买持续亏损的标的资产是否必要,本次交易对商赢环球提高公司资产质量和经营业绩有何帮助。

3. 独立董事应充分说明决策依据

依据交易公告,本次收购已通过董事会决议,独立董事谢某某、陈某某、尧某某、曹某发表意见认为本次交易有利于提高商赢环球可持续发展能力,增加未来投资收益,符合商赢环球长远发展需求,不存在损害公司及中小股东利益的情形。投服中心建议商赢环球进一步说明独立董事对本次交易决策的合理依据,是否对标的公司及所在行业等情况进行了详细研究,是否充分了解了标的公司的实际经营状况及可能存在的潜在风险,是否对本次交易定价涉嫌利益输送问题进行了审慎决策,是否勤勉尽责地履行了独立董事应尽的监督义务,请公司详细披露了独立董事的研究过程及所查阅的相关资料。

案例10　平治信息支付现金收购深圳兆能51%股权

2019年3月5日，杭州平治信息技术股份有限公司(以下简称平治信息，股票代码为300571)披露了《关于现金收购深圳市兆能讯通科技有限公司51%股权暨关联交易的公告》(以下简称《平治信息收购公告》)，拟以11,122.40万元现金收购其实际控制人郭某、张某持有的深圳市兆能讯通科技有限公司(以下简称深圳兆能)51%的股权。

一、案例简介

(一)上市公司基本情况

平治信息成立于2002年，于2016年12月在深圳证券交易所创业板上市交易。发布《平治信息收购公告》时，平治信息股价为56.45元/股，总股本为69,943,000股，总市值39.48亿元。平治信息的实际控制人是郭某、张某，其通过直接或间接持股方式，合计持有平治信息42.41%的股权。

平治信息属于互联网服务业，主营业务为数字阅读，通过个人计算机、智能手机、平板电脑、电子阅读器、车载、可穿戴设备等阅读载体为用户提供高品数字阅读服务，其三年的财务状况和经营成果如表1-10-1所示。

表1-10-1　平治信息基本财务指标

单位:万元

项目	2018年12月31日	2017年12月31日	2016年12月31日
总资产	90,959.00	71,559.93	34,588.07
总负债	34,135.57	35,493.13	9565.66

续表

项目	2018 年 12 月 31 日	2017 年 12 月 31 日	2016 年 12 月 31 日
股东权益	56,823.43	36,066.80	25,022.40
项目	2018 年	2017 年	2016 年
营业收入	86,194.99	90,995.05	46,901.77
利润总额	26,340.88	13,896.77	6093.38
净利润	22,167.74	10,602.71	4830.96

（二）标的公司基本情况

深圳兆能从事宽带网络终端设备、通信网络设备、移动通信网络优化设备等的研发、生产、销售和服务，主营智慧家庭网关（Gigabit-Capable Passive Optical Networks，GPON）、IPTV/OTT 终端、智能监控设备、mesh 路由器、电力猫、安全路由器、智能门锁、dtu、教育机器人等产品。其一年的主要财务数据如表 1－10－2 所示。

表 1－10－2　深圳兆能基本财务指标

单位：万元

项目	2018 年 12 月 31 日
资产总额	34,096.16
负债总额	32,400.63
所有者权益	1695.54
应收票据及应收账款	24,415.60
项目	2018 年
营业收入	32,787.48
净利润	－468.28
经营活动产生的现金流量净额	－22,144.02

（三）收购时重组方案

平治信息与深圳兆能的股东共青城君源文通投资管理合伙企业（有限合伙）、张某于 2019 年 3 月 4 日签署了附条件生效的《股权转让协议》，拟收购深圳兆能 51% 的股权。平治信息实际控制人张某在深圳兆能担任法定代表人、执行董事及总经理；平治信息实际控制人郭某为深圳兆能的控股股东共青城君源文通投资管理合伙企业（有限合伙）的实际控制人，本次交易构成关联交易。

1. 估值及交易对价情况

以 2018 年 12 月 31 日为评估基准日，以收益法的结果作为评估结论，深圳兆能股东全部权益的价值为 22,500.00 万元,评估增值 20,804.46 万元,增值率为 1227.01%。依据评估结果、根据实缴出资情况进行相应调整并经交易各方协商确定,深圳兆能 51% 股权的总对价为 11,122.40 万元。

2. 业绩承诺与补偿

转让方承诺,深圳兆能 2019 年、2020 年、2021 年内实现的经审计的合并报表中扣除非经常性损益后归属于母公司股东的净利润(以下简称净利润)分别不低于 2850 万元、3750 万元及 4320 万元。若深圳兆能在业绩承诺期间内实际实现的净利润未能达到当年承诺净利润,交易对方以现金方式向上市公司进行补偿,具体计算公式为:

当期应补偿金额 =(截至当期期末累积承诺净利润数 − 截至当期期末累积实现净利润数)× 转让股权比例 − 累积已补偿金额

转让方在业绩承诺期间内累计补偿金额不超过在本次股权转让中取得的对价款总额。

二、案例分析

(一)行权过程

鉴于平治信息将于 2019 年 3 月 21 日召开临时股东大会审议此收购事项,但收购方案对深圳兆能的情况披露得较为简单,投资者信息获取不充分,无法作出理性判断。作为保护投资者权益的公益机构及平治信息的小股东,投服中心于 3 月 12 日公开发声,对深圳兆能未来经营的可持续性、高溢价收购是否涉及利益输送等进行问询,并呼吁中小股东积极行使股东权利。对上述疑问,投服中心同时采取了网上行权方式,通过"中国投资者网"和深圳证券交易所"互动易"平台向平治信息提问,希望平治信息能在临时股东大会召开前详细回复疑问,解答广大中小投资者的疑惑。

(二)行权内容分析

1. 深圳兆能如何扭亏为盈并实现业绩高增长

深圳兆能成立于 2014 年 11 月,从事宽带网络终端设备业务,主要产品包括机顶盒、网关、IPTV/OTT 系统，其 2018 年营业收入为 3.28 亿元、净利润为 -468.28 万元、经营活动产生的现金流量净额为 -2.21 亿元，尚未披露 2015 ~ 2017 年的经营业绩。但交易对方承诺深圳兆能 2019 ~ 2021 年扣除非经常性损益后归属于母公司股东的净利润分别不低于 2850 万元、3750 万元及 4320 万元。在深圳兆能成立时间较短、2018 年经营亏损的情况下，如何实现收购后的持续盈利、业绩上涨。

根据相关行业研究报告，通信设备制造行业属于充分竞争的行业，通信运营商在集采过程中占据主导地位，对行业内提供通信设备的企业资质遴选较为严格，竞争力较强的综合供应商相对稳定，该类供应商大多发展起步早、技术水平较同行业领先。而深圳兆能的规模相对较小，其专利和软件著作权基本均与机顶盒相关，能够提供的产品和技术支持能力相对有限。随着 5G 技术的普及，通信运营商对产品质量、标准等方面的要求也将不断提高。在此竞争格局下，深圳兆能如何获取订单，以实现业绩承诺。为了考核产品销售的质量，在承诺补偿方案中是否应该增加除三大通信运营商之外的其他销售客户应收账款坏账率约束指标。

深圳兆能 2018 年年末应收账款余额为 2.34 亿元，占总资产的 71.34%，按照通信运营商的结算方式，回款周期较长，在此情况下，深圳兆能是否具有足够的资金来支持研发、运营需进一步说明。

2. 高溢价收购是否涉嫌向实际控制人进行利益输送

深圳兆能 2018 年年末净资产为 1695.54 万元，按收益法估值为 2.25 亿元，评估增值 12.27 倍，市净率为 13.27 倍。而同行业的天邑股份、中兴通讯、烽火通信、日海智能、光迅科技、新海宜、三维通信、共进股份等上市公司，最近一季度财务报告显示市净率均为 1.48 ~ 6.24 倍，平均值为 4.01 倍，深圳兆能估值远高于同行业的上市公司。

同时，按照收购的业绩承诺及补偿方案，如果深圳兆能未实现承诺的净利润，交易对方累计补偿金额 =（承诺净利润 - 实现净利润）×51%，假设深圳兆能 2019 年至 2021 年净利润为 0 元，交易对方向上市公司补偿 5569.20 万元，仅为交易对价的一半，在业绩承诺及补偿方案的设计上，对上市公司明显不利。

3. 评估机构是否勤勉尽责

银信资产评估有限公司为深圳兆能出具了资产评估报告，但评估报告存在信息不一致及不全面的情况。一是评估报告和《平治信息收购公告》中使用的深圳兆能财务数据均来自经审计的 2018 年年度会计报表,但二者披露的总资产、所有者权益、净利润等数据存在差异。例如,评估报告中载明所有者权益为 1836.72 万元,而《平治信息收购公告》中披露为 1695.54 万元。二是评估报告中使用两种方法进行估值,在采用资产基础法时,披露深圳兆能的所有者权益为 1836.72 万元;在采用收益法时,用以计算估值的所有者权益却为 1695.54 万元,前后矛盾。三是收益法评估中只载明了评估原理,并未披露营业收入、净利润、企业自由现金流等决定估值高低的具体盈利预测数据,投资者无法知晓深圳兆能获取高估值的测算路径。投服中心认为,评估工作应当细致、谨慎,评估报告披露应充分、严谨,评估机构应勤勉、尽责,否则何谈维护上市公司及投资者权益。

4. 中小股东应积极行权

平治信息此次收购不构成重大资产重组,不涉及发行股份,因此不需要证券监管部门的批准,只需股东大会审议通过即可实施。平治信息将于 2019 年 3 月 21 日召开临时股东大会审议此事项,控股股东郭某及一致行动人(合计持股 42.41%)需回避表决,其余出席会议的股东所持表决权的 2/3 以上同意则议案通过(属于平治信息股东大会特别决议事项)。投服中心呼吁平治信息的股东们以现场或网络方式积极参会,理性行权。

案例 11　太龙药业出售河洛太龙股权

2019 年 3 月 30 日，河南太龙药业股份有限公司（以下简称太龙药业，股票代码为 600222）公告拟以 1.25 亿元向控股股东郑州众生实业集团有限公司（以下简称众生集团）转让全资子公司河南河洛太龙制药有限公司（以下简称河洛太龙或标的公司）100% 的股权。

一、案例简介

（一）上市公司基本情况

太龙药业成立于 1998 年，于 1999 年 8 月 13 日在上海证券交易所主板上市交易。在发布出售公告前，太龙药业股价为 5.66 元/股，总股本为 573, 886, 283 股，总市值 213.55 亿元，在本次交易前，太龙药业控股股东为郑州众生实业集团有限公司，持股比例为 23.08%。

太龙药业属于医药制造业，主营业务为药品制剂业务、中药饮片业务、药品研发服务和药品药材流通业务，其三年的财务状况和经营成果如表 1 - 11 - 1 所示。

表 1 - 11 - 1　太龙药业基本财务指标

单位：万元

项目	2018 年 12 月 31 日	2017 年 12 月 31 日	2016 年 12 月 31 日
总资产	283, 534.24	280, 817.67	265, 082.70
总负债	144, 413.77	129, 993.22	115, 086.05
股东权益	139, 120.48	150, 824.45	149, 996.65

续表

项目	2018 年	2017 年	2016 年
营业收入	119, 479.43	116, 839.05	95, 330.65
利润总额	–11, 534.07	1050.22	1041.23
净利润	–11, 545.81	736.80	185.33

(二)标的公司基本情况

在本次交易中,购买河洛太龙 100% 股权的交易对方为太龙药业控股股东众生集团。

标的公司于 2015 年 10 月 9 日成立,在本次交易前,太龙药业持有标的公司 100% 的股权。

在本次交易完成后,河洛太龙将不再纳入太龙药业合并报表范围,交易前河洛太龙一年及一期的财务状况和经营成果如表 1 –11 –2 所示。

表 1 –11 –2　河洛太龙基本财务指标

单位:万元

项目	2019 年 2 月 28 日	2018 年 12 月 31 日
总资产	12, 088.53	12, 211.20
总负债	79.73	31, 991.64
股东权益	12, 008.80	–19, 780.44
项目	2019 年 1 ~2 月	2018 年
营业收入	16.33	78.96
利润总额	–140.76	–15, 478.19
净利润	–140.76	–15, 478.19

(三)交易方案精要

1. 交易估值

本次交易采用资产基础法进行评估,评估基准日为 2019 年 2 月 28 日,标的公司全部权益评估价值为 12, 441.78 万元,增值额为 432.98 万元,增值率为 3.61%。双方经协商约定,本次股权转让对价为 12, 500 万元。

2. 本次交易对上市公司的影响

2018 年 12 月标的公司《药品生产许可证》注销,截至 2019 年 2 月末累计亏损高达 24, 921.2 万元,每年对太龙药业的净利润均产生较大的不利影响。本次将标的公司股权转让有助于上市公司资产结构优化,有助于上市公司集中资源、技术、资金和管理优势,着力打造医药主业升级版,实现公司持续健康发展,维护全体股东利益。

二、案例分析

（一）行权过程

2019 年 4 月 14 日,投服中心以公开发声的方式对太龙药业本次出售交易提出三方面疑问:一是本次交易标的公司资产评估报告中遗漏重要信息,资产评估机构是否勤勉尽责;二是标的公司长期全面停产,太龙药业向其提供的 3.193 亿元借款用于何处;三是太龙药业以债转股对标的公司增资后马上将标的公司转让至控股股东的安排是否有损上市公司及广大投资者利益。公开发声后,上市公司董秘前往投服中心对相关问题进行了答疑,并在上海证券交易所的“e 互动”平台详细回复了投服中心的问题。

（二）行权内容分析

1. 标的公司资产评估报告遗漏重要信息,资产评估机构是否勤勉尽责

北京国融兴华资产评估有限责任公司为本次交易出具的标的公司评估报告(国融兴华评报字〔2019〕第 040006 号)披露,本次评估以 2019 年 2 月 28 日为评估基准日,标的公司注册登记情况为注册资本人民币 5000 万元,历史沿革部分中未提及标的公司注册资本历次变更的情况。然而,2019 年 2 月 21 日太龙药业公告已完成向标的公司债转股增资的工商变更登记手续,标的公司取得新的营业执照。国家企业信用信息公示系统也显示,标的公司的注册资本、认缴及实缴出资额于 2019 年 2 月 20 日由 5000 万元变更至 3.693 亿元。标的公司的注册资本及其变更情况作为被评估对象最基本的信息,资产评估机构不应遗漏重要信息或出现错误。同时,评估报告中第 21 页关于出具专项审计的会计师事务所的名称也出现错误。请评估机构说明在出具本次评估报告过程中是否勤勉尽责,是否履行了应有的执业规程。《证券法》等法律法规明确规定:审计、评估机构从事证券业务要严格履行对相关文件资料的核查和验证义务,所制作、出具的报告不得有虚假记载、误导性陈述或重大遗漏。投服中心呼吁评估机构应勤勉尽责、审慎执业,对评估报告的准确性、真实性、完整性负责,不断提升服务资本市场的水平。

2. 关联方是否利用关联交易违规占用上市公司资金

(1)标的公司长期全面停产,太龙药业向其提供的 3.193 亿元借款用于何处。太龙药业公告:“由于大输液市场竞争激烈、招标价格持续走低及国家限制医院输液等因素,标的公司于 2015 年 1 月停产至今,原有厂房设备等均处于长期闲置状态,原有的生产、检验人员基本流失或内部转岗。”2017 年至 2019 年 1 ~ 2 月,标的公司的净利润分别为 -4077.81 万元、-1.548 亿元以及 -140.76 万元。太龙药业控股股东及其关联方占用资金情况的专项说明显示,太龙药业 2015 ~ 2018 年分别向标的公司提供借款 3.29 亿元、3.14 亿元、2.59 亿元、877.26 万元。截至 2018 年 12 月 31 日,除去已偿还部分,太龙药业向标的公司提供借款余额为 3.193 亿元。在全面停产期间,标的公司既未发生大型固定资产建设,也不存在重大项目投资、研发支出,更不会产生经营亏损,且审计报告披露的员工工资等管理费用以及财务费用金额也不高,请说明标的公司停产期间除固定资产折旧外发生了哪些费用;标的公司的大额亏损情况是如何产生的;标的公司将上市公司提供的 3.193 亿元借款用于哪些方面;为何在全面停产期间还发生如此大额支出;上市公司连续几年持续向全面停产的标的公司提供高额借款是否有损上市公司利益;全体董监高、独立董事是否严格履行了勤勉尽责义务。

(2)太龙药业以债转股对标的公司增资后马上将标的公司转让至控股股东的安排是否有损上市公司及广大投资者利益。太龙药业公告称:“2018 年 12 月标的公司《药品生产许可证》被注销,已无法继续开展药品生产活动,而且受周边环保标准提升、区域规划改变的影响,所处地块已不适宜从事大规模工业化生产,期末资产发生大额减值,资不抵债。”2018 年报披露太龙药业对标的公司的长期股权投资计提减值准备 5000 万(全部初始投资)。2019 年 1 月 26 日,太龙药业同意以对标的公司 3.193 亿元的债权转换为等额股权投资,对标的公司增资 3.193 亿元,增资后太龙药业对标的公司的债权清零。2 个月后上市公司拟将标的公司全部股权以 1.25 亿元转让至控股股东。上市公司公告称:“本次转让价格高于标的公司账面净资产,预计确认转让收益 500 万 ~ 700 万元,本次交易可以帮助上市公司剥离亏损资产,有利于上市公司健康持续发展。”但事实上,上市公司以债转股向标的公司增资实际豁免了标的公司 3.193 亿元的债务,对已全部计提减值准备、不具备持续盈利能力、资不抵债的全资子公司增资不具有任何投资价值,即便以 1.25 亿元价格将全部股权转让至控股股东，上市公司仍然损失了 1.943 亿元。这样的关联交易直接侵害了上市公司的利益，也损害了广大投资者的合法权益。请太龙药业说明以债转股对标的公司增资，又急于出售给控股股东的安排是出于何种考虑；是否存在利益输送行为。

案例12　八菱科技支付现金收购弘润天源

2019年4月20日，南宁八菱科技股份有限公司（以下简称八菱科技，股票代码为002592）公告了《关于支付现金收购北京弘润天源基因生物技术有限公司51%股权暨关联交易的公告》（以下简称《八菱科技收购公告》），拟以现金方式购买北京弘润天源基因生物技术有限公司（以下简称弘润天源或标的公司）51%的股权。

一、案例简介

（一）上市公司基本情况

八菱科技成立于2001年，于2011年11月11日在深圳证券交易所中小板上市交易。发布《八菱科技收购公告》时，八菱科技股价为31.75元/股，总股本为283,331,157股，总市值约89.96亿元，本次收购为现金收购不会改变八菱科技股权结构。

八菱科技是一家致力于提供汽车热管理方案且具有自主设计、自主创新能力的高新技术企业，主要从事汽车热交换器、保险杠等汽车零部件产品的研发、生产和销售，主要产品包括散热器、中冷器、油冷器、冷凝器、空气调节系统（Heating，Ventilation and Air Conditioning，HVAC）、保险杠等。公司产品广泛应用于传统燃油汽车、新能源汽车、工程机械、农用机械、发电机组、国防装备、计算机等热交换领域。公司主要市场是国内汽车整车厂商，并服务于整车配套市场。公司也涉足新材料、游戏和文化业务及其他新型产业，积极布局多元化发展战略，其三年的财务状况和经营成果如表1－12－1所示。

表 1－12－1　八菱科技基本财务指标

单位:万元

项目	2018 年 12 月 31 日	2017 年 12 月 31 日	2016 年 12 月 31 日
总资产	239,707.06	257,473.91	247,266.08
总负债	53,600.20	43,833.77	40,033.09
股东权益	186,106.86	213,640.15	207,232.99
项目	2018 年	2017 年	2016 年
营业收入	71,008.35	77,461.37	87,839.65
利润总额	1538.20	15,053.65	14,422.07
净利润	720.73	13,504.23	12,852.72

(二)标的公司基本情况

在本次收购交易中,购买标的公司 51% 股权的交易对方为莒南恒鑫企业管理咨询中心(有限合伙)(以下简称莒南恒鑫)、莒南弘润企业管理咨询中心(有限合伙)(以下简称莒南弘润)、金运实业集团有限公司(以下简称金运实业)、刘某甲、刘某乙,其中,莒南恒鑫、莒南弘润的实际控制人为王某某女士、金某某先生(王某某女士之子)。本收购为现金收购不改变八菱科技的股权结构。

(三)本次收购事项精要

标的公司是一家致力于细胞技术研发、临床转化研究以及健康管理服务的生物高新技术企业,其主营业务是为医疗、科研及美容等机构客户提供细胞分离、检测、培养以及与细胞技术有关的委托研究和服务等;同时利用先进的细胞生物技术平台为高净值客户提供细胞储存以及个性化的健康管理服务,达到科学预防疾病、延缓衰老、提高生活质量等目的。

1. 购买资产的评估与定价

交易评估最终选取收益法的结果作为评估结论,即弘润天源股东全部权益价值为 178,000.00 万元。各方参考该评估价值,确定标的公司的估值为 178,000.00 万元。依据评估结果,根据市场情况,经交易各方协商一致,本次交易的总对价为 90,775.32 万元。

2. 管理权安排

鉴于本次收购完成后标的公司将成为公司的控股子公司,各方一致同意,自股权转让办理完毕工商变更登记手续之后 15 日内,各方应一致同意通过标的公司股东会决议方式修改公司章程,并重新选举公司董事会成员、监事会成员;各方确认,公司董事会由5人组成,其中,八菱科技推举3人,公司监事人选由八菱科技推举。协议各方应在前述股东会决议中依据协议约定投票表决。

3.业绩承诺

王某某承诺,自协议生效后,标的公司未来三年(2019~2021年)经营性净利润总额不低于人民币6亿元。若标的公司未能达到前述经营性净利润总额承诺的(以标的公司2019年至2021年经八菱科技同意的具有证券从业资质的审计机构出具的审计报告数据为准且该等审计报告应为标准审计报告),八菱科技应于前述事项发生后60天内,书面通知王某某,王某某应在收到八菱科技书面通知后60日内,按照补偿额=[(人民币6亿元-实际3年经营性净利润总额)×17.8÷6×51%]向八菱科技进行补偿。

4.资产置换安排

为解决标的公司资金占用及资产瑕疵问题,2019年1月19日,标的公司与王某某、金某某和相某某签署了《资产置换协议》,根据该协议的约定,标的公司将截至2018年12月31日的其他应收款账面余额人民币314,814,644.86元债权、在建工程账面余额人民币36,537,033.96元以及长期待摊费用账面价值人民币127,638,877.36元的健康中心作为置出资产向王某某、金某某及相某某置入位于大兴区半壁店绿茵花园别墅的7处房地产。

二、案例分析

(一)行权过程

2019年4月28日,投服中心公开发声质疑八菱科技收购弘润天源股权事宜。

(二)行权内容分析

1.标的公司经营模式存在影响其持续盈利的风险

标的公司主要客户是从美容院等主体营销产生的高端个人消费者,前五大客户收入占当期营业收入的比例为1%左右,主要通过终端直销和渠道经销的方式向个人客户推广产品和服务。健康管理服务为标的公司营业收入的主要来源,占比达80%以上,个人客户接受该类服务周期在7天或30天以内,标的公司基本无较大金额的在手订单,其经营依赖于直销店及经销商持续不断的营销和客户导入。标的公司 2018 年 61.74% 的营业收入源于与实控人王某某控制的相关主体之间的关联交易,且标的公司既往经营中存在通过实控人控制的关联方导入客户并代收款项的情形。标的公司营业收入及盈利水平存在受关联方影响或调节的可能,进而影响其持续盈利能力。

标的公司高管、销售主管、行政管理人员等核心员工开展经营活动时因涉嫌诈骗于 2018 年 9 月被北京市海淀区公安局带离协助调查,上述人员之后被刑事拘留,后转为取保候审。标的公司相关人员涉案的原因为何,涉嫌诈骗的行为是否与其向个人客户推介的细胞技术服务和健康管理服务相关,若标的公司相关人员的展业行为违反国家法律法规相关规定,上市公司此次收购面临哪些风险。

2. 标的公司业绩波动较大,持续盈利能力存在重大不确定性

根据公开信息,标的公司经营的简要信息如表 1-12-2 所示。

表 1-12-2　弘润天源经营简要信息

指标	2015 年	2016 年上半年	2017 年	2018 年	2018 年第四季度
营业收入	0.84 亿元	0.48 亿元	3.38 亿元	2.90 亿元	2705.27 万元
净利润	0.41 亿元	0.14 亿元	2.10 亿元	1.56 亿元	-1342.59 万元
毛利率	87.55%	89.88%	—	89.33%	—

2017 年标的公司全年的营业收入及净利润较 2015 年及 2016 上半年出现数倍增长,而同时期同行业上市公司细胞服务相关业务均未出现类似大幅增长,如中源协和(股票代码为 600645)细胞检测制备及存储业务、基因检测业务、细胞培养业务及免疫细胞业务营业收入增长比例分别为 16.89%、32.40%、102.87% 及 26.91%,冠昊生物(股票代码为 300238)细胞技术服务业务营业收入增长 -9.23%,标的公司平均 89.00% 左右的毛利率,也远高于上述同行业上市公司约 60.74% 的平均水平,标的公司此种高增长高毛利发展模式能否持续直接影响其市场价值。

上市公司此次收购价格较标的公司账面净资产增值 2.16 倍,如此高估值一个基本前提就是,标的公司 2019~2021 年营业收入分别达到 3.01 亿元、3.72 亿元、4.15 亿元,净利润分别达到 1.6 亿元、2.08 亿元、2.34 亿元。而标的公司 2018 年全年营业收入及净利润较上年下降了 14.20% 及 25.71%,其中第四季度亏损 1342.59 万元,上述情况表明其经营业绩波动较大。标的公司于 2019 年 2 月终止了与占其

销售总额 23.25% 的经销商之间的合作,这必将影响其 2019 年及未来一定时期内的盈利能力。

综上所述,以上种种迹象表明,标的公司承诺未来 3 年线性高增长的盈利预测的可实现性存疑,以此为基础作出的高估值更值得商榷。上市公司以此估值收购标的公司 51% 的股权是否充分考虑了上市公司及广大投资者的利益,值得上市公司及广大投资者思考。

案例13　宏达新材支付现金购买上海观峰

2019年9月9日，上海宏达新材料股份有限公司（以下简称宏达新材，股票代码为002211）公告了《关于现金收购上海观峰信息科技有限公司100%股权暨关联交易的公告》（以下简称《宏达新材公告》），拟以支付现金方式购买上海观峰信息科技有限公司（以下简称上海观峰或标的公司）100%的股权。

一、案例简介

（一）上市公司基本情况

宏达新材成立于2002年，于2008年2月1日在深圳证券交易所中小板上市交易。发布《宏达新材公告》时，宏达新材股价为6.44元/股，总股本为432,475,779股，总市值27.85亿元。在本次交易前，宏达新材控股股东为上海鸿孜企业发展有限公司，持股比例为28.23%。

宏达新材属于硅橡胶行业，主营业务为高温硅橡胶材料，客户对象为生产硅橡胶制品的国内外客户。公司生产的硅橡胶材料主要应用于以下硅橡胶制品：各种按键；电线电缆；电力、电气、家用电器的密封件；交通运输上的绝缘、防潮、耐气候、耐老化件；食品、医疗、卫生方面的无毒、耐高低温及生理惰性制品；汽车领域的耐高温绝缘零件（如汽车火花塞、高压帽、电线、前大灯耐热密封垫、汽车耐热胶管）。宏达新材三年及一期的财务状况和经营成果如表1-13-1所示。

表 1-13-1　宏达新材基本财务指标

单位:万元

项目	2019 年 6 月 30 日	2018 年 12 月 31 日	2017 年 12 月 31 日	2016 年 12 月 31 日
总资产	116,621.51	118,249.85	119,329.89	106,779.05
总负债	37,087.08	38,807.88	36,695.80	26,387.56
股东权益	79,534.42	79,441.97	82,634.10	80,391.49
项目	2019 年 1~6 月	2018 年	2017 年	2016 年
营业收入	41,883.99	108,012.73	94,503.01	68,281.17
利润总额	1031.81	1215.76	2509.20	1145.24
净利润	92.45	1273.99	2402.54	1182.45

(二)标的公司基本情况

在本次交易中,购买上海观峰 100% 股权的交易对方为宁波梅山保税港区骥勤投资有限公司(以下简称宁波骥勤)和江苏卓睿控股有限公司(以下简称江苏卓睿)。上海观峰于 2018 年 4 月 19 日在上海成立,股权结构如表 1-13-2 所示。

表 1-13-2　上海观峰股权结构

股东名称	认缴出资额(万元)	出资比例(%)
宁波骥勤	4750	95.00
江苏卓睿	250	5.00

上海观峰主营业务是印制电路板加工,主要产品为无线图像传输系统、特种通信系统等高科技系统的集成电路板,涉及领域包括网关及编解码通信安全,射频发射及接收器等。公司拥有 3 条生产线用于集成电路板的贴片生产,拥有自动存储柜、全自动锡膏印刷机、3D 锡膏检测仪(Serial Peripheral Interface,SPI)、全自动高速贴片机、全自动泛用贴片机等先进设备。上海观峰一年及一期经审计的主要财务指标如表 1-13-3 所示。

表 1-13-3　上海观峰主要财务数据

单位:万元

项目	2019 年 4 月 30 日	2018 年 12 月 31 日
总资产	5163.23	4487.03
总负债	2764.06	2258.69
股东权益	2399.17	2228.34

续表

项目	2019 年 1 ~4 月	2018 年
营业收入	1119.73	413.84
净利润	170.83	-271.66
经营活动产生的现金流量净额	634.90	-352.73

（三）支付现金购买资产暨关联交易方案精要

在本次关联交易中，宏达新材拟以支付现金方式收购上海观峰 100% 的股权。

1. 估值及交易作价

本次交易采用资产基础法和收益法进行评估，评估基准日为 2019 年 4 月 30 日。资产基础法下被评估单位股东权益账面价值为 2399.17 万元，评估值 2512.63 万元，评估增值额 113.47 万元，增值率 4.73%。收益法下被评估单位股东权益账面值为 2399.17 万元，评估值 20,000 万元，评估增值 17,600.83 万元，增值率 733.62%。评估机构最终选用收益法评估结果作为上海观峰股东全部权益价值的最终评估结论。

截至 2019 年 4 月 30 日，上海观峰注册资本 5000 万元，其中，宁波骥勤认缴 4750 万元，已实缴 2375 万元；江苏卓睿认缴 250 万元，已实缴 125 万元。在评估基准日期后，本次交易对方宁波骥勤和江苏卓睿于 2019 年 5 月 23 日向上海观峰实缴出资 2500 万元（其中，宁波骥勤实缴 2375 万元，江苏卓睿实缴 125 万元，共计 2500 万元）。因此，在上海观峰 100% 股权评估值的基础上，结合交易对方评估基准日后实缴出资情况，并经由交易各方协商确定上海观峰 100% 股权的交易对价为 22,500 万元。

2. 支付方式

本次交易的支付方式为现金支付，不涉及发行股份购买资产。

3. 业绩承诺及补偿

本次交易中的业绩承诺方为宁波骥勤和江苏卓睿，业绩承诺方承诺：2019 年、2020 年、2021 年（如果交易未能在 2019 年实施完毕，业绩承诺期相应顺延为交易实施完毕当年及其后 2 个会计年度），标的公司实现的扣非后归母净利润分别不低于 900 万元、1950 万元和 2300 万元。如未能完成业绩承诺，宁波骥勤、江苏卓睿将依约对上市公司进行补偿。

二、案 例 分 析

(一)行权过程

2019 年 9 月 23 日,投服中心通过公开发声,就本次交易业绩承诺可实现性、评估中的盈利预测依据、上海观峰具体业务情况和盈利模式提出质询,希望宏达新材能对本次交易中存在的疑问在临时股东大会召开前向广大投资者充分释疑。

(二)行权内容分析

1. 本次交易业绩承诺能否实现

标的公司所从事的印制电路板加工业务侧重于电路板集成(Printed Circuit Board Assembly,PCBA)行业,在电子电路行业链条中,相对处于电子制造服务(Electronic Manufacturing Services,EMS)企业的上游,印制电路板(Printed Circuit Board,PCB)企业的下游。本次交易业绩承诺期为 2019 ~ 2021 年,承诺净利润分别不低于 900 万元、1950 万元及 2300 万元,复合增长率达 59.86%。市场调研机构 New Venture Research 研究报告显示,2018 年全球电子制造服务市场规模 4600 亿美元,预计到 2022 年,全球电子制造服务市场规模将达到 6748 亿美元,复合增长率约 10%。行业研究机构 Prismark 统计结果显示,2018 年全球 PCB 产值约 623.96 亿美元,同比增长约 6%,2018 年中国 PCB 产值约 327.02 亿美元,同比增长约 10%。Prismark 预计未来全球 PCB 行业呈缓慢增长的态势,2018 ~ 2023 年全球 PCB 产值复合增长率约为 3.7%,中国 PCB 产值复合增长率约为 4.4%。目前,国内 PCBA 行业内企业数量较多,竞争较为激烈。标的公司所承诺的净利润增速远远超过行业发展速度,请说明面对竞争激烈的市场,标的公司计划如何实现远超行业水平的增长速度。

根据中国报告网相关研究报告,客户积累、技术水平及资金实力是影响 PCBA 企业市场竞争力的关键因素。而标的公司成立于 2018 年 4 月,成立时间短,盈利规模较小,若要实现承诺期内业绩高增长,需要在短期内迅速扩大生产、开拓市场。因目前公司未披露标的公司具体客户情况和技术实力,请对标的公司研发情况、专利情况、主要客户和未来资金安排进行补充说明。

2. 对标的公司未来收益的预测有何依据

在本次交易中,对标的公司 100% 股权的估值最终选取收益法的评估结论,评估值 2 亿元,增值率 733.62%。标的公司成立于 2018 年 4 月,《宏达新材公告》中称,标的公司成立时间较短,生产经营扩大及市场开拓需要一定时间。根据上市公司对深交所问询函的回复,标的公司预测 2019~2023 年营业收入复合增长率为 21.17%,毛利率均超过 40.00%。同行业上市公司易德龙近 3 年毛利率在 25.00% 左右,同行业"新三板"挂牌公司迪飞达近 3 年毛利率均低于 20.00%。请资产评估机构说明在标的公司财务数据较少,尚处于市场开拓阶段的情况下,对其未来收益的预测依据。请说明预测期内标的公司营业收入快速增长及毛利率水平高于同行业公司的合理性。

此外,根据《资产评估执业准则——企业价值》第 19 条的规定,资产评估专业人员应当结合被评估单位的企业性质、资产规模、历史经营情况、未来收益可预测情况、所获取评估资料的充分性,恰当考虑收益法的适用性。而标的公司成立时间不足 2 年,历史财务资料较少,因此,请评估机构结合《资产评估执业准则》相关要求,说明在选取评估方法时是否恰当考虑了收益法的适用性。

3. 请补充说明标的公司业务情况和盈利模式

《宏达新材公告》仅披露了标的公司主营业务、主要产品、生产设备和产能产量情况,并未就标的公司具体业务开展情况和盈利模式作进一步说明。标的公司成立时间短,其业务情况和盈利模式相关信息,对广大投资者判断标的公司盈利能力、发展前景和抗风险能力十分重要。请对标的公司具体业务开展情况、商业模式(研发设计、采购、生产和销售模式)进行补充说明,以帮助广大中小投资者充分了解标的公司生产经营情况。

案例14　华铁股份支付现金收购山东嘉泰

2019年10月14日，广东华铁通达高铁装备股份有限公司（以下简称华铁股份，股票代码为000976）公告了《关于现金收购山东嘉泰交通设备有限公司51%股权暨关联交易的公告》（以下简称《华铁股份收购公告》），拟以现金方式购买山东嘉泰交通设备有限公司（以下简称山东嘉泰或标的公司）51%的股权。

一、案例简介

（一）上市公司基本情况

华铁股份成立于1999年，于2000年6月1日在深圳证券交易所主板上市交易。在发布《华铁股份收购公告》时，华铁股份股价为5.77元/股，总股本为1,595,678,796股，总市值约92.07亿元，本次收购为现金收购不会改变华铁股份股权结构。

华铁股份从事轨道交通行业配套设备的生产、销售，其轨道交通装备产品主要包括给水卫生系统、备用电源、制动闸片、贸易配件、高铁座椅、撒砂装置、空调、车门、车钩及缓冲器系统、制动系统等。其三年财务状况和经营成果如表1－14－1所示。

表1－14－1　华铁股份基本财务指标

单位：万元

项目	2018年12月31日	2017年12月31日	2016年12月31日
总资产	508,358.12	495,933.87	450,521.47
总负债	79,712.49	86,957.37	93,507.06
股东权益	428,645.63	408,976.50	357,014.41

续表

项目	2018 年	2017 年	2016 年
营业收入	173, 129. 34	173, 821. 59	186, 226. 81
利润总额	18, 949. 23	57, 118. 86	9200. 81
净利润	13, 335. 44	49, 390. 96	2845. 18

(二)标的公司基本情况

山东嘉泰成立于 2015 年 1 月,专注于轨道交通座椅设计、研发、生产、销售及服务,提供完整的产品解决方案,拥有全系列轨道交通座椅产品供应商资质,向青岛四方、长客、唐客、庞巴迪等主机厂供应 VIP 座椅、客室座椅、城际列车座椅等型号座椅。在本次收购交易中,购买标的公司 51% 股权的交易对方为菏泽合兴轨道交通合伙企业(有限合伙)(以下简称菏泽合兴)、菏泽昌盛轨道交通合伙企业(有限合伙)(以下简称菏泽昌盛)。在本次交易完成后,山东嘉泰将成为华铁股份的控股子公司,其最近一年及一期的财务状况和经营成果如表 1 – 14 – 2 所示。

表 1 – 14 – 2　山东嘉泰基本财务指标

单位:万元

项目	2019 年 7 月 31 日	2018 年 12 月 31 日
总资产	34, 137. 08	33, 710. 54
总负债	19, 618. 39	25, 051. 61
股东权益	14, 518. 69	8658. 93
项目	2019 年 1 ~7 月	2018 年
营业收入	19, 591. 65	22, 117. 46
营业利润	6811. 41	5702. 35
净利润	5859. 76	4902. 78

(三)本次收购事项精要

华铁股份主营业务为轨道交通高端装备制造业务,标的公司致力于铁路运输设备座椅的研发与制造,主要围绕轨道交通座椅,进行研发、设计、生产、销售及服务,提供完整的产品解决方案。通过本次收购,华铁股份将进一步拓展完善公司在轨道交通业务领域的产业布局,提升公司的持续盈利能力。

1. 购买资产的评估与定价

交易评估最终选取收益法的结果作为评估结论,即山东嘉泰股东全部权益价值为 19.28 亿元。依据评估结果，参照市场情况，经交易各方协商一致，本次交易的总对价为 9.69 亿元。

2. 业绩承诺

交易对手承诺标的公司经审计的 2019 年年度净利润（指扣非后归母净利润累计数）不低于 1.6149 亿元，2020 年年度净利润为不低于 2.1514 亿元，2021 年年度净利润为不低于 2.5070 亿元。

3. 交割后义务

为解决标的公司生产所有专利授权问题及其资产瑕疵问题，根据相关协议，交易对方应促使标的公司尽快但不晚于 2020 年 12 月 31 日前办理完毕装配车间的《建设工程规划许可证》、《施工许可证》、竣工验收（备案）以及不动产权证，否则须承担赔偿责任。同时，交易对手应促使标的公司能够于 2022 年 12 月 31 日之前免费使用标的公司与湖北航宇嘉泰飞机设备有限公司（以下简称湖北航宇）签署的《专利许可使用协议》项下的授权专利。

二、案例分析

（一）行权过程

2019 年 10 月 25 日，投服中心公开发声质疑华铁股份收购山东嘉泰股权事宜。

（二）行权内容分析

1. 未充分说明标的公司承诺业绩大幅增长的确切逻辑，不利于投资者判断决策

根据《华铁股份收购公告》，山东嘉泰主要从事轨道交通尤其是轨道高速列车座椅设计、研发、生产、销售及服务，其客户主要为中国中车下属的动车组及客车生产商。山东嘉泰 2018 年及 2019 年 1～7 月实现的净利润分别为 0.49 亿元和 0.59 亿元，而山东嘉泰承诺 2019～2021 年实现的扣非后归母净利润分别不低于 1.6149 亿元、2.1514 亿元及2.5070亿元，其承诺的 2019 年净利润较 2018 年增长了 2.3 倍。基于上述业绩承诺，华铁股份根据收益法评估以 19.28 亿元的价格收购山东嘉泰，评估增值率为 1228.21%，但《华铁股份收购公告》中的资料并未充分说明标的公司承诺业绩大幅持续增长的清晰逻辑，请公司详细披露相关信息。

2. 标的公司承诺业绩增长速度显著高于其下游产业，且支持其业绩超常规增长的竞争优势不明

首先，轨道交通装备制造行业的发展与国家城市轨道交通发展及铁路建设规划密切相关。根据国家发展和改革委员会等部门发布的《中长期铁路网规划》的规定，到 2020 年，高速铁路达 3 万千米；到 2025 年，高速铁路达 3.8 万千米。截至 2018 年年底，全国高速铁路达 2.9 万千米以上，已接近 3 万千米的目标值，5 年规划期间高速铁路里程年均复合增长率为 4.84%，未来高铁发展出现大幅偏离长期规划的可能性较低，因此，支持标的公司业绩以 24.6% 的复合增长率超常规增长的行业背景存疑。

其次，山东嘉泰的产品并不具备垄断性的竞争优势。山东嘉泰生产过程中使用的 6 项专利技术为湖北航宇所有，是通过普通许可方式而获得使用权，该许可方式意味着湖北航宇可以将该专利许可给其他任何第三方使用。另外，4 项专利（包括唯一的发明专利）属于与沈阳瑞合交通设备有限公司（以下简称沈阳瑞合）共同所有，沈阳瑞合也可以使用该专利生产，意味着沈阳瑞合与山东嘉泰存在竞争关系。众所周知，高铁座椅也同其他零配件一样采取招投标方式进入市场，请标的公司充分说明在激烈的市场竞争环境下的竞争优势，以及如何通过市场份额的扩张来实现业绩的超常规增长。

3. 标的公司生产用车间可能被拆迁，其生产经营面临重大风险

《华铁股份收购公告》披露，山东嘉泰自有的 2 间装配车间未取得规划、施工许可证及不动产权证，面临被拆除的风险。请公司明确说明如果上述车间被拆除，将对标的公司生产产生的重大影响，是否会导致生产停滞。如果确实存在该种风险，作为公司的小股东及中小投资者权益保护公益机构，投服中心强烈建议公司针对该笔收购设置特别履约保证条款，包括但不限于提高预扣交易金比例、增设履约保证金、股权质押等。

案例15　ST 金泰支付现金收购麦凯智造

2019 年 2 月 13 日，山东金泰集团股份有限公司（以下简称 ST 金泰或上市公司，股票代码为 600385）发布了筹划重大资产重组的提示性公告（以下简称《ST 金泰重组公告》），拟采用现金方式收购福建麦凯智造婴童文化股份有限公司（以下简称麦凯智造或标的公司）51% 的股权。

一、案例简介

（一）上市公司基本情况

ST 金泰成立于 1992 年，2001 年 7 月 23 日在上海证券交易所主板上市交易。发布《ST 金泰重组公告》时，ST 金泰股价为 9.58 元/股，总股本为 148,107,148 股，总市值 14.19 亿元，在本次交易前，ST 金泰实际控制人为黄某钦、黄某父子，持股比例为 17.38%。

ST 金泰的主营业务为互联网接入服务业务、房屋出租业务，经营模式为提供互联网接入服务收取服务费及出租房屋收取租金。其三年的财务状况和经营成果如表 1－15－1 所示。

表 1－15－1　ST 金泰基本财务指标

单位：万元

项目	2018 年 12 月 31 日	2017 年 12 月 31 日	2016 年 12 月 31 日
总资产	16,696.86	16,679.71	18,242.83
总负债	10,872.38	10,446.51	10,415.10
股东权益	5824.48	6233.20	7827.74

续表

项目	2018 年	2017 年	2016 年
营业收入	545.33	2485.69	28,994.92
利润总额	-568.73	-157.75	723.38
净利润	-1035.74	-696.98	151.50

（二）标的公司基本情况

本次交易的标的公司为麦凯智造，交易对方为标的公司原股东陈某宇、陈某煌及章某珊（陈某煌与章某珊是夫妻关系，陈某宇是其儿子，以下简称陈某宇家族）及其他 15 名股东，其中陈某宇为标的公司的法定代表人兼总经理。麦凯智造成立于 2009 年 11 月，主营业务为婴童系列产品的综合运营，主要产品包括儿童汽车安全座椅、玩具、儿童推车、儿童个人洗护用品等，曾于 2015 年 12 月 15 日在全国中小企业股份转让系统挂牌，于 2018 年 7 月 27 日摘牌。

ST 金泰于 2019 年 2 月 12 日与陈某宇家族及其他 15 名股东签署了《股权收购框架协议》（以下简称《框架协议》），拟以支付现金的方式收购麦凯智造 51% 的股权，麦凯智造 100% 股权的预估值为 6 亿元。本次签署《框架协议》的标的公司股东及持股比例如表 1-15-2 所示。

表 1-15-2　本次签署《框架协议》的标的公司股东及持股比例

股东名称	持股数量（股）	持股比例（%）
陈某煌	10,800,000	21.3523
陈某宇	10,570,000	20.8976
章某珊	7,200,000	14.2349
方某宗	1,600,000	3.1633
刘某健	640,000	1.2653
卢某虹	564,000	1.1151
陈某辉	453,000	0.8956
许某各	532,000	1.0518
陈某渠	425,000	0.8403
林某芝	400,000	0.7908
潘某生	400,000	0.7908
王某郎	400,000	0.7908

续表

股东名称	持股数量	持股比例(%)
郑某龙	400,000	0.7908
邵安凯旋投资管理中心	360,000	0.7117
李某杰	329,000	0.6505
杜某	300,000	0.5931
赵某扬	200,000	0.3954
林某明	100,000	0.1977
合计	35,673,000	70.5278

(三)重大资产重组方案精要

ST 金泰拟以现金方式收购麦凯智造 51% 的股权。在本次交易完成后,标的公司原实际控制人陈某宇家族仍将保留持有标的公司不低于 30% 的股权。参与交易的每一股东的具体转让比例由标的公司股东协商确定。经预估,麦凯智造 100% 股权的预估值为 6 亿元,业绩承诺方承诺标的公司在 2019 ~ 2021 年的扣非后归母净利润分别不低于 0.52 亿元、0.63 亿元及 0.75 亿元。

本次交易作价由上市公司或其指定的子公司分期向交易对方支付,具体支付安排如下。(1)向作出业绩承诺股东支付的对价分三期进行:第一期款项于标的公司 51% 股权过户登记至上市公司或其指定的子公司后 5 个工作日内支付;第二期款项于 2019 年年报披露且 2019 年业绩补偿(如有)完成后 5 个工作日内支付;剩余款项于全部业绩承诺完成和补偿完毕,以及减值测试补偿(如有)完成之日起 5 个工作日内支付。(2)向其他股东支付的对价分两期进行:第一期款项于标的公司 51% 股权过户登记至上市公司或其指定的子公司后 5 个工作日内支付;第二期款项于上市公司 2019 年启动筹划非公开发行的资金到位时间与 2019 年 12 月 31 日中的较早之日起 5 个工作日内支付。上述第一期款项的支付比例为总对价的 55%;第二期款项为总对价的 25%;第三期款项为总对价的 20%。参与交易的每一股东在每一期获得的具体金额由标的公司股东协商确定。在本次交易完成后,麦凯智造将成为 ST 金泰的控股子公司,上市公司将通过跨界并购进入婴童市场。

同时,《框架协议》中约定于本次收购完成后,在标的公司 2019 年承诺利润实现后,上市公司需在 3 个月内发行股份购买标的公司剩余 49% 的股权。标的公司 100% 股权估值不高于在标的公司 2020 年度承诺利润数的 13 倍市盈率,具体应以具有证券期货业务资格的资产评估机构出具的评估报告为基础,并由交易双方再次协商确定;发行价格按照中国证监会的有关规定执行,应不低于定价基准日前20日、60日或120日均价的90%;标的公司剩余49%股权的业绩承诺期为2020~2021年。

二、案例分析

(一)行权过程

2019年2月25日,投服中心通过四大证券报等媒体公开发声,向上市公司提出了有关标的资产持续盈利能力、标的资产估值合理性和交易对价能否足额支付三大问题。2019年2月26日,ST金泰董秘致电投服中心,表示将对投服中心所提问题在法律、财务尽职调查中作为重点关注问题。2019年8月8日,ST金泰公告为公司经营需要、保护全体股东特别是中小股东的利益,决定终止本次重大资产重组。

(二)行权内容分析

1.标的资产的持续盈利能力是否不确定

一是标的公司2017年净利润大幅增长的合理性和业绩快速增长的可持续性存疑。根据标的公司2017年年度报告披露,标的公司2016年、2017年净利润分别为1456.7万元及3265.0万元,2017年业绩出现大幅增长,净利润增长124.13%,主要原因为线下业务快速增长所致,包括新增儿童洗护产品和智能机器人业务。然而,根据Wind的统计数据,儿童用品及玩具行业2016年、2017年、2018年平均净利润增长率分别为-10.83%、-38.11%及-1889.19%,出现整体业绩大幅下降;行业平均毛利率也呈下滑趋势,从2015年的41.42%下降至2017年的35.08%。其中,儿童汽车安全座椅行业增速逐步放缓,甚至出现负增长,如同行业可比公司宁波惠尔顿婴童安全科技股份有限公司2017年净利润同比下降281.88%,好孩子国际控股有限公司2017年净利润同比下降13.11%。投服中心建议,ST金泰说明在儿童用品行业整体经营不佳、行业毛利率下滑、可比同类公司净利润下降的背景下,新增儿童洗护产品和智能机器人业务红利完全释放后,标的公司经营状况是否足以支撑未来业绩持续大幅增长。

二是行业竞争加剧,研发投入比重减少是否影响标的资产持续盈利能力。近年来,儿童安全座椅行业竞争激烈,国内儿童安全座椅企业主要以为国外品牌代加工生产以及国内中低端市场为主,高端市场大多被国外知名品牌占据。儿童安全座椅行业虽然属于劳动密集型行业,但与一般制造业相比,产品技术含量相对较高,因此,产品研发能力是儿童安全座椅企业竞争力的重要体现,标的公司作为一家高新技术企业,自主研发能力更是企业持续发展的核心要素。根据标的公司2017年年报数据计算所得,2017年标的公司研发投入占营业收入、营业成本比例均出现下降,分别由2016年的4.51%和7.40%下降至2017年的3.90%和6.20%,专利费用也同比下降67.20%,且标的公司未公开披露其2018年研发投入具体项目及数据。对此,投服中心建议,上市公司说明在行业竞争加剧的背景下,标的公司未来业务开展的核心规划、研发投入计划和专利开发情况以及研发投入减少将如何保障标的公司在行业竞争中保持业绩持续增长。

三是较低的市场占有率是否影响标的公司的持续盈利能力。根据中商产业研究院发布的《2017～2022年中国儿童安全座椅行业市场调查及投资前景研究报告》,好孩子、宝得适、惠尔顿等品牌构成我国儿童安全座椅市场的前十大品牌,前十大品牌的市场占有率已高达80%以上,而标的公司销售的儿童安全座椅未出现在十大品牌中。另外,依据各大母婴网大数据评选出的2018年十大儿童安全座椅品牌排行榜也未出现麦凯智造品牌,可以看出标的公司的市场占有率并不高。投服中心建议,上市公司说明在行业竞争加剧、产品同质化严重的行业背景下,标的公司相较竞争对手的主要优势以及较低的市场占有率是否影响标的公司的持续盈利能力。

2.标的资产估值是否合理

依据标的公司公开信息披露2017年12月,标的公司以每股9元的价格发行800万股,公司总股本从4258万股增加至5058万股。同时,本次交易方案披露本次交易以2018年12月31日作为评估基准日,麦凯智造的预估值为6亿元,按照目前标的公司总股本5058万股计算,本次交易的每股价格约为11.86元,较前一次增资扩股的发行价格增幅31.77%。即在短短1年内,标的公司估值从每股9.00元增长至每股11.86元。投服中心建议,上市公司说明在行业整体业绩及平均毛利率下滑、标的公司市场占有率低、研发投入不足的情况下,标的公司预估值不降反升的合理性。

3. 上市公司财务状况堪忧，交易对价能否足额支付

截至2018年9月30日，ST金泰经营活动产生的现金流量净额为-452.23万元，资产负债率为63.53%，货币资金为1.53亿元。本次交易麦凯智造的预估值为6.00亿元，上市公司拟以现金支付方式收购标的公司51%的股权，预计将支付对价人民币3.06亿元，以其自有资金不足以支付全部现金对价。《ST金泰重组公告》披露，对价支付分两期进行，第二期款项将于公司2019年启动筹划非公开发行的资金支付。若上市公司最终无法实现非公开发行，则交易存在约1.50亿元的资金缺口。近几年ST金泰年报中短期借款、长期借款、应付利息等科目均为零，从侧面反映出上市公司近几年较难通过银行贷款等方式筹集资金。投服中心建议，上市公司说明在目前公司主营业务盈利能力差、净利润持续为负，资产负债率较高，银行融资难的背景下，如何解决上述资金缺口。

案例16　中矿资源以现金方式收购Cabot及其全资子公司

2019年3月1日，中矿资源集团股份有限公司（以下简称中矿资源，股票代码为002738）披露《重大资产购买预案（修订稿）》（以下简称《中矿资源重组预案》），拟以现金支付方式向美国纽交所上市公司Cabot Corporation（以下简称Cabot公司）及其全资子公司Cabot G. B. Limited购买其持有的标的资产Tanco、CSF Inc.及CSF Limited 3家公司（以下简称标的公司）100%股权。

一、案例简介

（一）上市公司基本情况

中矿资源于1999年成立，2014年12月30日于深圳证券交易所中小企业板上市。发布《中矿资源重组预案》时，上市公司股价为16.79元/股，总股本为2.8亿股，总市值为47.01亿元。

上市公司主营业务包括稀有轻金属原料生产及销售、固体矿产勘查技术服务、矿权投资及开发、国际工程、贸易业务及海外勘查后勤配套服务。其三年的财务状况和经营成果如表1-16-1所示。

表1-16-1　中矿资源基本财务指标

单位：万元

项目	2018年12月31日	2017年12月31日	2016年12月31日
总资产	327,392.53	100,794.28	97,823.87
总负债	305,780.97	33,380.34	31,755.87
股东权益	21,611.56	67,413.94	66,068.00

续表

项目	2018 年	2017 年	2016 年
营业收入	86,714.76	54,073.82	35,934.49
利润总额	13,370.00	6443.14	6650.85
净利润	11,086.09	5479.16	5340.67

（二）标的公司基本情况

Cabot 公司成立于 1960 年，1963 年 8 月 23 日于美国纽约证券交易所上市，主要生产特殊化学品和效能材料、橡胶和专业级炭黑、金属氧化物、喷墨着色剂、凝胶。Tanco 公司成立于 1967 年，位于加拿大马尼托巴省伯尼克湖，主要从事铯榴石的采矿、选矿，以及甲酸铯和铯精细化工产品的生产。CSF Inc 成立于 2006 年，主要业务为石油服务业务。CSF Limited 成立于 2003 年，主要从事甲酸铯和甲酸钾的混合过滤，为钻井液和完井液提供基础材料，并开展甲酸铯的回收业务。

（三）重大资产重组方案精要

中矿资源本次拟支付现金收购 Cabot 公司及其全资子公司 Cabot G. B. Limited 持有的 Tanco、CSF Inc 及 CSF Limited 3 家公司 100% 的股权。通过本次交易，上市公司将拥有自有铯榴石矿区，有效降低铯铷盐业务的原材料供应风险，其铯盐经营模式将升级为“矿产开采 + 产品生产 + 后端销售”的全流程产业链，有效完善产业链战略布局，提升可持续发展能力和抗风险能力。

1. 交易对价

本次交易的基准购买价为 1.3 亿美元（不含调价因素），资金来源为上市公司自有资金及自筹资金，自筹资金主要是银行并购贷款。此外，公司各项财务指标和规范运作情况均符合资本市场再融资条件，权益性融资工具也可以成为公司融资方式之一。

2. 本次交易构成重大资产重组、不构成重组上市

根据《上市公司重大资产重组管理办法》第 12 条和第 14 条的规定，本次交易构成重大资产重组。根据中矿资源 2017 年审计报告、标的公司提供的 2018 年财务数据以及本次交易作价情况，标的资产 2018 年 9 月 30 日的资产总额为人民币 17.35 亿元，营业收入为人民币 5.41 亿元，资产净额为人民币 6.87 亿元。上市公司 2017 年度资产总额为人民币 10.08 亿元，营业收入为人民币 5.41 亿元，净资产

为人民币 6.87 亿元。其中,标的公司资产总额和营业收入均超过上市公司的 50%,资产净额超过 50% 且大于 5000 万元,因此构成重大资产重组。本次交易不涉及发行股份,对上市公司股权结构不造成影响,交易前后实际控制人未发生变更,因此,本次交易不构成重组上市。

二、案例简介

(一)行权过程

2019 年 3 月 10 日,投服中心通过公开发声方式对中矿资源行权:一是质疑标的资产的矿产资源是否可持续;二是质疑交易对方折价转让标的资产是否合理;三是质疑标的资产的资质权属安排是否存风险。中矿资源于 2019 年 3 月 30 日召开股东大会审议此事项,最终表决以 100% 的比例通过了本次收购事项。

(二)行权内容分析

1. 标的资产的矿产资源是否可持续

一是标的公司铯榴石矿区地质结构不稳定,存在的安全隐患是否影响未来矿产开采。《中矿资源重组预案》披露,三家标的公司共同组成 Cabot 公司特殊流体事业部,主营业务包括铯矿勘探、开采、加工,铯精细化工产品的生产及销售等。根据 Cabot 公司 2013 年及 2014 年的年报披露,2010 年及 2013 年在大量铯榴石聚集的部分矿区内发生了两次地层陷落事件,有迹象表明大量铯榴石聚集的部分矿区地质结构不稳定,公司采取了进一步的安全措施、设置各种检测设备。年报中特别揭示风险即矿区地质结构的稳定性将随时间变化,可能在短期内进一步恶化或发生透水事故可能。投服中心建议公司说明铯榴石矿区地质结构的现状,是否可能因地质结构不稳定再次发生安全事故,从而导致未来无法正常开采铯矿。

二是标的公司的铯矿储量是否充足。根据 Cabot 公司 2014 年年报披露,由于 2013 年部分矿区地质结构不稳定,公司拟在未受影响的矿区开发矿产项目,若项目成功公司预估目前矿区铯榴石储量将可以为公司持续提供原材料约 5 年左右(2019 年年末终止)。2015 年及 2016 年年报披露,公司目前不在矿区开采矿石,并正评估其他选择以取得更多铯榴石储备。2018 年年报披露,标的公司与同行业公司澳大利亚先锋资源公司签订铯榴石购买协议并预计于 2019 年收到铯榴石。投服中心建议,上市公司从前述5年预计可供原材料剩余年限、开采中断情况、开采能力现状以及向同行业公司采购的理由等方面说明标的公司目前所在矿区的铯榴石储量是否充足。

2. 交易对方折价转让标的资产是否合理

《中矿资源重组预案》披露,本次交易的基准购买价为1.3亿美元,截至2018年9月30日,标的公司的净资产为2.1亿美元,剔除交割调整事项后净资产预计为1.6亿美元,本次交易价格折价率为18%,不以资产评估或估值结果作为定价依据。虽然中矿资源说明考虑资源稀缺性、业务协同效应等原因,本次交易定价经双方多轮协商确定具有合理性,但该解释仍不能令人信服。一是标的资产目前盈利能力稳定,呈持续增长态势,Cabot公司2019年第一季度报告披露,公司特殊流体业务板块(3家标的公司)的销售总额与息税前利润较2018年同期分别增长了1300万美元及1200万美元;二是自2013年发生地质结构不稳定事件后,公司花费大量时间及经济成本用于矿产开发项目,于2015年11月完工,并在2018年刚完成基础设施升级项目,提升了项目产能。而交易对方却急于在2019年6月30日前较净资产折价18%转让盈利能力稳健的标的资产,投服中心希望上市公司披露交易对方是出于何种考量,标的资产是否存在尚未披露的潜在瑕疵及经营性风险。

3. 标的资产的资质权属安排是否存风险

一是标的资产的多项探矿权及地表租约即将到期,资质续期是否存风险。重组预案披露,标的公司Tanco及其子公司拥有3项采矿权、40项探矿权、13项地表租约,本次交易后地表租约、探矿权及采矿权的现状均由中矿香港承继并接受。投服中心注意到,标的公司40项探矿权中13项将于2019年到期,26项将于2020年到期,13项地表租约将于2019年全部到期。《中矿资源重组预案》披露,当地法律规定探矿权的续期需要完成指定的工作要求或按规定支付现金费用,采矿租约的续期需每年支付一定租金。投服中心建议,上市公司具体说明当地法律规定探矿权续期所需完成的工作要求及费用金额,是否存在因标的公司实际控制人变更而导致探矿权、地表租约无法续期的风险。

二是标的资产核心业务所涉专利、商标权属安排是否存风险。《中矿资源重组预案》中尚未披露标的资产核心业务所涉专利、商标的权属及使用情况。Cabot公司年报披露,上市公司拥有大量专利、商标,涵盖于各类产品的生产及使用。本次交易完成后,标的公司所属特殊流体业务板块将完全从 Cabot 公司剥离,投服中心建议上市公司进一步说明目前标的资产核心业务所涉专利、商标的权属是归属于 Cabot 公司还是标的公司名下,若由 Cabot 公司实际拥有,上市公司是否计划将相关专利、商标转让给标的公司或许可标的公司使用。

案例17　万马科技支付现金购买安华智能51%股权

2019年8月3日，万马科技股份有限公司（以下简称万马科技，股票代码为300698）公告称，拟将原计划用于通信及信息化设备生产建设项目的部分募集资金变更用于收购原"新三板"挂牌公司安华智能股份有限公司（以下简称安华智能）51%的股权，股权转让对价为5087.25万元。

一、案例简介

（一）上市公司基本情况

万马科技成立于1992年，于2017年8月31日在深圳证券交易所创业板上市交易。发布收购公告时，万马科技股价为17.32元/股，总股本为134,000,000股，总市值23.21亿元。在本次交易前，万马科技实际控制人为张某某，持股比例为32.25%。

万马科技属于通信设备行业，主营业务为通信与信息化设备的研发、生产、系统集成与销售。其两年及一期的财务状况和经营成果如表1-17-1所示。

表1-17-1　万马科技基本财务指标

单位：万元

项目	2019年3月31日	2018年12月31日	2017年12月31日
总资产	60,386.76	63,399.30	56,857.36
总负债	22,445.70	25,338.73	18,904.83
股东权益	37,941.07	38,060.58	37,952.53

续表

项目	2019 年 1～3 月	2018 年	2017 年
营业收入	10,887.77	29,854.97	34,120.46
利润总额	-145.62	447.72	3202.17
净利润	-119.51	428.63	2733.91

(二)标的公司基本情况

本次交易的购买标的为安华智能。安华智能成立于 1998 年,公司股票于 2013 年在全国中小企业股份转让系统挂牌并公开转让。在本次交易前,安华智能的实际控制人为杨某某、姚某某夫妻二人,二人直接持有标的公司 64.11% 的股份。

安华智能主要从事信息系统机房及智能化系统设计、集成、运维及销售,其主要财务数据如表 1-17-2 所示。

表 1-17-2　安华智能主要财务数据

单位:万元

项目	2019 年 3 月 31 日	2018 年 12 月 31 日	2017 年 12 月 31 日	2016 年 12 月 31 日
总资产	17,369.01	15,536.54	15,399.36	12,708.57
总负债	7441.11	5009.02	4865.29	3174.53
股东权益	9927.90	10,527.52	10,534.07	9534.04
项目	2019 年 1～3 月	2018 年	2017 年	2016 年
营业收入	—	14,722.97	13,550.59	10,972.66
利润总额	-594.37	1139.70	1121.87	836.75
净利润	-599.63	1038.01	1000.03	744.83

(三)交易方案精要

万马科技拟(一次或分次)收购杨某某、姚某某控股的安华智能 51% 股份,达到控制标的公司的目的(在持股比例达到 51% 前,可通过表决权委托的方式实现对安华智能的控制)。安华智能 100% 股东权益价值的评估值为 9972.28 万元,对应标的公司每股价值为 1.75 元。

交易双方确认,万马科技拟收购安华智能 51% 的股份(安华智能 2907 万股股份),并优先收购除杨某某、姚某某以外安华智能其他股东的股份,在收购除杨某某、姚某某以外其他股东的股份后,万马科技持有的股份仍未达到安华智能股本总额的 51% 的,其差额部分由公司向杨某某、姚某某收购。

若因杨某某、姚某某作为安华智能董事、高级管理人员的原因，导致杨某某、姚某某在2019年度向万马科技转让股份数量未能使万马科技持股数达到安华智能股本总额的51%的，则差额部分由杨某某、姚某某在2020年3月31日前完成转让。此外，在万马科技持有的安华智能股份数量未达到安华智能股本总额的51%前，杨某某、姚某某同意将姚某某持有的安华智能的全部股份对应的表决权委托给万马科技享有，并配合万马科技签署与表决权委托相关的法律文件或者按照万马科技的要求行使相应表决权，万马科技无须对此支付任何对价。股份转让价格为人民币1.75元/股，标的股份转让价款按照杨某某、姚某某届时实际转让股份数量计算。

杨某某、姚某某承诺标的公司在2019年、2020年和2021年实现的净利润数额分别不低于1200万元、1300万元及1500万元，或该3年累计净利润不低于4000万元，以上两种标准满足其一即可。上市公司将在业绩补偿期限最后一个年度结束后，聘请具有证券期货相关业务资格的审计机构对标的公司在业绩补偿期限内实际实现的累计净利润数额出具专项审核报告。在业绩补偿期限届满后，若标的公司在业绩补偿期限内实际净利润数额低于承诺净利润数额，业绩承诺人应向进行补偿，且应当优先以其持有的标的公司股份进行补偿，不足部分以现金方式补偿。若触发补偿义务的，则在业绩补偿期限届满后的6个月内，业绩承诺人有义务以其持有的标的公司股份进行补偿（无偿转让给上市公司并按照上市公司要求配合签署相应的股份转让协议），具体计算公式如下：应补偿股份数 =（4000万元 - 业绩补偿期限内实际净利润数额）÷4000万元 ×51% ×标的公司协议签署时总股本。如标的公司在业绩承诺期及补偿完成前实施送股、公积金转增股本、股票分拆的，上述公式中总股本调整为：标的公司协议签时候总股本 ×（1 + 转增、送股或分拆比例）。如股份补偿数额不足以补偿时，差额部分由业绩承诺人在股份补偿的同时，向上市公司进行现金补偿，应补偿现金数 =（应补偿股份数量 - 已补偿股份数量）×1.75元/股。

二、案例分析

（一）行权过程

2019年8月16日，投服中心在媒体上公开发表质询文章，对本次收购公开质询以下三方面问题：一是互联网数据中心（Internet Data Center，IDC）行业节能管控政策限制数据中心新增数量是否影响标的公司的未来盈利能力；二是本次交易披露的审计数据与标的公司 2018 年年报披露的数据差异较大，为何两次审计采用的确认依据不一致；三是本次业绩补偿履约保障措施不足，业绩承诺补偿是否可兑现。

（二）行权内容分析

1. IDC 行业节能管控政策限制数据中心新增数量是否影响标的公司的未来盈利能力

收购公告披露，标的公司主要经营业务为数据中心工程总承包业务。依据某证券公司发布的《通信行业 IDC 行业深度报告》，2018 年我国数据中心机架数量已达 210 万个，其中北京、上海、广州及周边的数据中心可用机架数量位列全国前三名，合计拥有 135.8 万个数据中心机架，IDC 需求主要集中在北京、上海、广州等一线城市。2018 年 9 月北京发布《北京市新增产业的禁止和限制目录（2018 年版）》，明确新建数据中心，数据中心能源使用效率指标（Power Usage Effectiveness，PUE）必须低于 1.4，且要求中心城区全面禁止新建和扩建数据中心；上海发布的关于 2018 年至 2020 年信息基础设施的 3 年行动计划要求新建机房 PUE 低于 1.3，新建机架控制在 6 万个，总规模控制在 16 万个；2019 年 4 月深圳发布《数据中心节能审查通知》，将严格控制数据中心年综合能源消费新增量；浙江也要求控制机架数量年增长不超过 30%，至 2020 年机架总数不超过 25 万个。依据华信咨询研究院的研究报告，热点城市的节能管控政策正迫使 IDC 业务向环热点和其他非热点城市迁移，但由于非热点城市受网络及地理距离的限制，供给侧的价格难以与热点城市匹敌，未来将削弱 IDC 整体市场的增速。同时，IDC 行业的主要上市企业万国数据、鹏博士 2018 年净利润分别下降31.62% 和 48.71%，而 Wind 行业中心显示 2018 年 IDC 行业整体净利润为 -13.4 亿元，增长率为 -260.53%，该行业的毛利率、净利率、ROE、ROA 等数据自 2014 年起呈持续下滑趋势。标的公司作为数据中心工程总承包商，在 IDC 行业节能管控政策限制数据中心新增数量、IDC 整体市场增速放缓、IDC 行业上市公司业绩整体下滑的趋势下，需要上市公司说明持续实现每年上千万元盈利业绩的措施。

2. 本次交易披露的审计数据与标的公司 2018 年年报披露的数据差异较大，为何两次审计采用的确认依据不一致

本次交易披露的标的公司审计报告显示，标的公司 2018 年营业收入为 1.47 亿元、营业成本为 1.17 亿元、净利润为 1038.01 万元，而标的公司此前公开披露的 2018 年年报数据显示营业收入为 1.83 亿元、营业成本为 1.6 亿元、净利润为 107.13 万元，两者差距较大。标的公司解释是因为工程项目营业收入、营业成本确认的期间不同，存在时间性差异导致，标的公司此前披露的 2018 年年报数据主要依据年度项目的工程进度、开票和收款情况综合预判确认，本次审计主要依据外部竣工验收报告或工程完工进度文件确认，本次报表存在将部分项目收入、成本确认在 2017 年及以前年度。然而，依据《企业会计准则第 15 号——建造合同》（新收入准则针对非上市企业于 2021 年起施行），若建造合同结果能够可靠估计的，应按项目完工百分比确认合同收入及费用。虽然两次审计由不同审计师完成，但 2018 年审计时间段、建造合同收入及成本确认的政策依据均是一致的、未发生变更，两次审计使用的确认依据不一致的原因不明。本次审计报告标的公司净利润较 2018 年年报增加 930.88 万元，变动率为 868.9%，需上市公司说明将部分项目收入、成本确认在 2017 年及以前年度，是否意味着标的公司需要重新调整已披露的以前年度的审计报告，以及随意调整项目的确认年度是否存在项目收入重复确认、项目成本少确认的可能。

3. 本次业绩补偿履约保障措施不足，业绩承诺补偿是否可兑现

依据公司对深圳证券交易所问询函的回复公告，交易双方约定公司应于本次交易先决条件全部满足后的 10 个工作日内一次性支付本次股权转让款，为保障业绩补偿义务承诺的履行，业绩承诺方将其持有的标的公司 1000 万股向公司质押担保。本次交易对价为 5087.25 万元，标的公司目前总股本为 5700 万股，对应 51% 股权的每股价格为 1.75 元，据此计算交易对方拟质押的 1000 万股价值为 1750 万元，远低于本次交易对价 5087.25 万元。由于本次交易公司将一次性支付对价，一旦标的公司未实现承诺业绩、交易对方不能如期履约，拟质押的股份将无法覆盖全部交易对价，必将使上市公司及广大股东利益受损。

案例18　润达医疗应对子公司未实现承诺业绩充分释疑

2019年9月20日,上海润达医疗科技股份有限公司(以下简称润达医疗,股票代码为603108)在回复上海证券交易所2019年半年报问询函中,披露子公司长春金泽瑞医学科技有限公司(以下简称标的公司)连续2年未实现承诺业绩的主要原因是行业政策调整、收购时设置过高承诺利润和市场竞争加剧。广大中小投资者纷纷对公司回复内容提出质疑,引起市场广泛热议。

一、案例简介

(一)上市公司基本情况

润达医疗成立于1999年,于2015年5月在上海证券交易所主板上市交易。润达医疗主要从事医疗器械领域内技术咨询、技术转让、技术开发、技术服务及机械设备维修,医疗器械,药品类体外诊断试剂等,其三年的财务状况和经营成果如表1-18-1所示。

表1-18-1　润达医疗基本财务指标

单位:万元

项目	2018年12月31日	2017年12月31日	2016年12月31日
总资产	754,298.79	712,532.87	410,795.46
总负债	441,214.57	437,677.40	188,579.48
股东权益	313,084.22	274,855.47	222,215.98

续表

项目	2018 年	2017 年	2016 年
营业收入	596,433.92	431,880.98	216,468.88
利润总额	59,185.19	38,669.05	17,964.87
净利润	43,204.67	29,732.80	13,219.68

（二）标的公司基本情况

2017 年 7 月 10 日，润达医疗公告拟收购宁波梅山保税港区红瑞投资中心（有限合伙）持有的标的公司 60% 的股权，交易金额为 9.03 亿元。标的公司主要从事体外诊断产品流通与服务业务，为罗氏品牌免疫类生化类产品和希森美康品牌部分产品东北地区最主要的经销商之一，客户覆盖整个东北地区，拥有较为完备的包括品牌产品采购平台及物流配送体系在内的产品供应链体系。标的公司成立于 2015 年 5 月 14 日，分别由宁波梅山保税港区红瑞投资中心（有限合伙）与宁波梅山保税港区欣跃投资中心（有限合伙）持股 60% 与 40%。标的公司被收购时一年及一期的主要财务数据如表 1－18－2 所示。

表 1－18－2 标的公司基本财务指标

单位：万元

项目	2017 年 3 月 31 日	2016 年 12 月 31 日
总资产	26,777	22,479
总负债	16,087	15,130
股东权益	10,690	7349
项目	2017 年 1～3 月	2016 年
营业收入	12,433	35,095
净利润	2816	6474

（三）收购估值及商誉情况

本次收购评估基准日为 2016 年 12 月 31 日，最终采用收益法评估，评估值为 15.000 亿元，较账面净资产增值 14.265 亿元，增值率高达 1941.08%。在本次收购完成后，润达医疗的商誉增加了 7.690 亿元。

二、案 例 分 析

(一)行权过程

投服中心于 2019 年 10 月 22 日公开发声,对评估机构估值是否合理、标的公司近两年业绩偏离行业整体水平、商誉减值计提是否充足等方面提出疑问,建议润达医疗向广大投资者充分说明,帮助投资者理清事件背后的逻辑,切实维护投资者合法权益。润达医疗于 2019 年 10 月 26 日以公告形式回复了投服中心的质询,并补充披露了收购时作出的评估说明。

(二)行权内容分析

1. 收购时评估报告过于简单,润达医疗也未披露评估机构出具的评估说明,不便投资者判断交易估值是否虚高

2017 年 7 月润达医疗通过现金支付方式以 9.03 亿元受让标的公司 60% 的股权。收购时标的公司成立仅 2 年多,注册资本为 1000 万元。依据银信资产评估有限公司就本次交易出具的评估报告(银信评报字〔2017〕沪第 0367 号),标的公司估值增值率为 1941.08%,采用收益法、市场法评估,最终以收益法评估结果确定。但评估报告及相关补充公告中未披露标的公司未来收益预测数据(如收入、成本费用预测情况等)、盈利预测的分析及判断过程、标的公司与行业或竞争对手的对比分析、可能面临的市场经营风险,也未披露评估机构对标的公司销售成本率、期间费用率、采购销售业务稳定性的必要分析和判断等内容。特别是标的公司作为成立仅 2 年多的新公司,评估报告中未结合标的公司核心资源充分说明对其采用收益法估值的合理性。建议润达医疗补充披露评估机构就该项收购出具的评估说明全文,向广大投资者充分还原评估机构对标的公司高估值的合理依据。请润达医疗同时说明标的公司 2017 年及 2018 年的实际经营情况与评估机构的预测数据是否一致。

2. 评估机构估值时是否充分考虑行业政策风险

润达医疗解释标的公司未实现承诺业绩的原因之一,系由于东北三省近两年推出了区域结果互认政策,导致标的公司业务推广难度增大。然而,早在 2010 年 6 月卫生部办公厅发布的《关于加强医疗质量控制中心建设推进同级医疗机构检查

结果互认工作的通知》就已提出推进同级医疗机构检查结果互认制度。2016 年 10 月 1 日，京津冀地区开展了三地医疗机构临床检验结果互认试点工作。2016 年 11 月 10 日，黑龙江省卫生和计划生育委员会印发的《关于进一步推进同级医疗机构检验结果互认工作的通知》也提出，在黑龙江省内进一步推进医疗机构检验结果互认工作。2016 年 12 月 27 日，国务院印发的《"十三五"深化医药卫生体制改革规划》明确表示"将推进同级医疗机构间以及医疗机构与独立检查检验机构间检查检验结果互认"。因此，检验结果互认政策已于润达医疗收购前陆续出台，评估机构评估时应就该行业政策对标的公司未来盈利能力的影响有所预判，但 2017 年 5 月 18 日评估机构出具的评估报告中未提及该行业政策风险。请评估机构说明在评估时是否充分考虑了行业政策风险对标的公司未来盈利能力的影响。

3. 标的公司业绩变动情况偏离行业整体情况

标的公司主要从事体外诊断产品流通与服务业务，为罗氏品牌免疫类、生化类产品和希森美康品牌部分产品在东北地区的主要经销商之一。标的公司 2015～2018 年的净利润分别为 -124.66 万元、6473.71 万元、1.35 亿元及 1.47 亿元，2016 年标的公司净利润增长 6598.37 万元，出现爆发式增长，2017 年及 2018 年净利润增长率分别为 108.54%、8.89%，业绩变动幅度较大。依据《2018 年中国体外诊断行业年度报告》，近年来，体外诊断行业增速在 15%～20%，其中生化检测增速约 6%～7%，免疫类增速在 20% 左右。同时，依据 Wind 行业中心数据，2016～2018 年体外诊断行业整体净利润增长率分别为 21.08%、23.81% 及 16.11%，未出现标的公司所显示的大幅增长或增速大幅下滑趋势。此外，虽然"两票制"等行业政策陆续在各地执行，但同属于体外诊断行业的艾德生物、基蛋生物、迈克生物等上市公司近两年净利润增长率平均保持在 20%～40%，均未出现类似标的公司的大幅变动。请说明标的公司业绩变动背离行业整体水平，2016 年、2017 年出现大幅增长及 2018 年增速大幅下滑的主要原因。

4. 在标的公司连续两年未实现承诺业绩、面临市场竞争格局变化的背景下，减值测试认定未减值是否合理

润达医疗披露标的公司连续两年未实现业绩的另一原因，是所处区域的市场竞争格局正从以价格及代理产品为核心的竞争模式向服务能力为核心的竞争模式转变，多家上市公司在东北地区加大业务布局，当地终端客户对标的公司集成业务

接受程度较低,发展速度低于预期。但 2017 年及 2018 年年末公司聘请的评估机构对标的公司形成商誉进行的减值测试认定未出现减值。根据《会计监管风险提示第 8 号——商誉减值》的规定,当相关资产现金流或经营利润持续恶化或明显低于形成商誉时的预期,特别是被收购方未实现承诺业绩的,以及市场竞争程度等发生明显不利变化时,应认定出现特定减值迹象。请评估机构结合已变化的竞争格局具体说明标的公司所形成商誉未发生减值的合理性,评估机构是否审慎、恰当地考虑了标的公司出现前述减值迹象的实际影响。

案例19　亚邦股份控股股东变更重组业绩承诺

2018年年底，因收购的江苏恒隆作物保护有限公司（以下简称恒隆作物）未实现业绩承诺，江苏亚邦染料股份有限公司（以下简称亚邦股份，股票代码为603188）拟免除控股股东亚邦投资控股集团有限公司（以下简称亚邦集团）等承诺方的补偿义务，并更改恒隆作物业绩承诺，此事在市场的反对声中不了了之。2019年4月亚邦股份拟重新调整恒隆作物的业绩承诺，再次引起中小投资者的不满。投服中心认为，控股股东对资本市场要有敬畏之心、遵守市场规则，以更改业绩承诺的方式逃避补偿责任已严重侵害了上市公司及中小股东的利益，并呼吁广大中小股东积极行使股东权利。

一、案例简介

（一）上市公司基本情况

亚邦股份成立于2006年，于2014年9月在上海证券交易所主板上市交易。2019年4月11日发布调整业绩承诺方案公告时，亚邦股份股价为10.28元/股，总股本为5.76亿股，总市值59.21亿元。亚邦股份的控股股东是亚邦集团，持股比例为28.84%；实际控制人是许某初、许某东及许某霞，其通过直接或间接持股方式，合计持有亚邦股份33.66%的股权。

亚邦股份属于化学原料和化学制品制造业，主要从事染料及染料中间体的销售与服务，主营产品为蒽醌结构分散染料和还原染料，其三年的财务状况和经营成果如表1-19-1所示。

表 1-19-1　亚邦股份基本财务指标

单位:万元

项目	2018 年 12 月 31 日	2017 年 12 月 31 日	2016 年 12 月 31 日
总资产	476,481.19	449,556.37	420,801.73
总负债	164,445.86	72,575.12	70,052.93
股东权益	312,035.33	376,981.25	350,748.80
项目	2018 年	2017 年	2016 年
营业收入	207,582.03	243,557.76	228,751.55
利润总额	13,381.55	60,829.65	76,549.02
净利润	11,812.41	50,263.83	65,340.10

(二)标的公司基本情况

恒隆作物成立于 2013 年,以农药的研发和生产为主营业务,有杀虫剂、杀菌剂、除草剂三大系列产品,其一年及一期的主要财务数据如表 1-19-2 所示。但根据 2018 年 1 月 20 日亚邦股份发布的《关于公司支付现金购买资产暨关联交易的公告》可知,连云港市政府自 2017 年 12 月开始开展对“两灌”化工园区企业进行集中整治专项活动,截至上述公告出具之日,恒隆作物因需进行安全生产“评价会审”而处于停产状态,企业通过“评价会审”后,符合安全生产条件的,准予继续正常生产,该项工作预计于 2018 年 3 月底前完成,届时恒隆作物恢复生产。

表 1-19-2　恒隆作物基本财务指标

单位:万元

项目	2017 年 11 月 30 日	2016 年 12 月 31 日
总资产	87,350.49	92,537.02
总负债	66,283.54	80,154.65
股东权益	21,066.95	12,382.36
项目	2017 年 1~11 月	2016 年
营业收入	77,350.91	58,078.44
利润总额	10,332.18	2391.54
净利润	8655.12	1543.80

(三)收购时重组方案

2018 年 2 月亚邦股份以现金方式收购了其控股股东亚邦集团所持有的恒隆作物 51% 的股权,以及其他股东所持有的恒隆作物 19.60% 的股权,合计获得恒隆作物70.60%的股权，总作价为90,368万元。本次涉及收购控股股东的股权，构成关联交易，不构成《上市公司重大资产重组管理办法》规定的重大资产重组。

1. 估值情况

以2017年11月30日为评估基准日，恒隆作物股东所有者权益的账面价值为14,789.16万元，收益法评估值为128,200万元，增值额为113,410.84万元，增值率为766.85%。

2. 支付方式和支付期限

本次交易对价支付方式为现金支付。亚邦股份应在交易完成股权交割后10个工作日内，向转让方支付价款总额的85%，其余15%分别于会计师事务所对恒隆作物业绩承诺期内的业绩承诺实现情况进行专项审核并出具专项审核报告之日起10个工作日内支付，3个承诺年度每期支付5%。

3. 业绩承诺与补偿

转让方承诺恒隆作物2018年、2019年、2020年的经审计的税后净利润（以扣非后归母净利润为计算依据，下同）分别不低于9000万元、12,300万元及14,100万元。如恒隆作物2018～2020年的实际利润低于上述承诺利润，则转让方须对上市公司进行业绩补偿，每期业绩补偿的具体金额按以下公式确定：

［（截至当期期末恒隆作物累计净利润承诺数－截至当期期末累计净利润实现数）×本次股权转让作价/补偿期限内3年的净利润承诺数总和］－已补偿金额

如根据上述公式计算的金额小于或等于0时，则按0取值，即转让方无须向甲方补偿。但已经补偿的金额不冲回。

（四）调整业绩承诺方案

2018年5月3日，亚邦股份公告因政府要求环保集中整治，公司在相关园区内的子（分）公司已全面停产，其中便包括恒隆作物。2018年12月4日，亚邦股份披露了《关于调整控股子公司业绩承诺及签署相关补充协议的公告》，拟对恒隆作物的业绩承诺方案进行调整，但2019年1月3日公告取消了审议调整业绩承诺方案的股东大会，需对调整本次业绩承诺及补偿方案事项进一步考虑。

2019年4月11日，亚邦股份披露了《关于重新调整控股子公司业绩承诺的公告》,因恒隆作物自 2018 年 4 月 28 日停产,无法实现正常生产经营,将恒隆作物的业绩承诺期限调整为复产之日的次月开始的 36 个月,每 12 个月经审计的税后净利润分别不低于 12,300 万元、14,100 万元及 14,900 万元。如恒隆作物复产日晚于 2019 年 12 月 31 日,转让方承诺上述 3 个业绩承诺期间经审计的税后净利润分别不低于 14,100 万元、14,900 万元及 15,500 万元。如恒隆作物在 2020 年 12 月 31 日前仍未恢复正常生产经营或者在此之前出现关停、整合等情形,业绩承诺主要责任方亚邦集团将与上市公司积极协商解决方案。

二、案例分析

(一)行权过程

2019 年 4 月 24 日,投服中心通过公开发声的方式对亚邦股份行权:一是反对亚邦集团等推迟恒隆作物的业绩承诺及补偿;二是建议对恒隆作物的价值进行重新评估;三是建议亚邦集团等原价购回恒隆作物 70.60% 的股权,同时呼吁中小股东积极行权。亚邦股份于 2019 年 4 月 26 日召开临时股东大会审议此事项,亚邦集团及一致行动人作为关联方回避表决,最终表决以 53.32% 的比例通过了业绩承诺调整方案,但参与投票的持股 5% 以下的中小股东超半数投了反对票。

(二)行权内容分析

1. 调整业绩承诺损害上市公司及投资者权益

2018 年 2 月上市公司现金收购因"政府开展环保和安全集中整治活动"处于停产状态的恒隆作物 70.60% 的股权,其中包括控股股东亚邦集团持有的恒隆作物 51% 的股权,合计作价 9.04 亿元,溢价 766.85%。亚邦集团等资产出售方承诺恒隆作物 2018～2020 年的净利润分别不低于 0.90 亿元、1.23 亿元及 1.41 亿元。

在收购完成后,上市公司并未发布任何恒隆作物复产的公告。2018 年 5 月 3 日,上市公司公告因政府要求连云港化工园区进行环保集中整治,公司在相关园区内的子(分)公司已全面停产,其中便包括恒隆作物。恒隆作物尚未复产,无法实现 2018 年业绩承诺。此次,亚邦集团等拟将承诺期限调整为恒隆作物复产之日次月开始的 36 个月,每 12 个月的净利润分别不低于 1.23 亿元、1.41 亿元及 1.49 亿元;如恒隆作物复产日晚于 2019 年 12 月 31 日,则上述 3 个业绩承诺期间净利润分别不低于1.41亿元、1.49亿元及1.55亿元;如恒隆作物在2020年12月31前仍未恢复生产,再另行协商解决方案。上述收购及调整业绩承诺行为严重损害了上市公司和中小股东的权益。

一是控股股东用无效资产攫取了上市公司资金。2018年收购时,对恒隆作物价值的评估以其2018年4月前恢复生产、能正常经营为假设前提。上市公司收购恒隆作物时,恒隆作物因政府环保、安全集中整治而处于停产状态,是无法正常经营、无法产生收益的"无效资产"。另外,根据上市公司2019年4月11日《关于重新调整控股子公司业绩承诺的公告》,恒隆作物停产已至少1年,安全、环保设备提标改造仍需投入大量资金和时间,何时能复产经营尚不能确定。就是用这种无效资产,控股股东等攫取了上市公司巨额现金。

二是收购款实质上已构成了"资金占用"。上市公司"真金白银"收购的资产是无法正常生产的无效资产,假如未收购此项资产,按照银行一年期贷款基准利率4.35%计算,9.04亿元现金至少能每年为上市公司带来3932.00万元的利息收入。目前,恒隆作物不具备生产能力却不履行补偿义务,实际上已构成了对上市公司资金的占用。

2.投服中心坚决反对调整业绩承诺,建议重新评估恒隆作物价值或控股股东进行回购

一是坚决反对推迟业绩承诺及补偿。根据公告,恒隆作物2018年1月至10月亏损2590万元,不仅未给上市公司带来利润,还因亏损进一步蚕食上市公司权益。按原业绩补偿协议,假设恒隆作物2018年净利润为-2590万元,交易对方应补偿上市公司2.96亿元现金,其中亚邦集团应补偿2.14亿元。亚邦集团不履行2018年业绩承诺,直接侵害了上市公司利益。投服中心作为上市公司的股东,坚决反对推迟、更改业绩承诺这种侵害上市公司利益的行为。

二是建议对恒隆作物的价值进行重新评估。根据2018年1月20日亚邦股份《关于公司支付现金购买资产暨关联交易的公告》,收购时恒隆作物便已处于停产状态,评估前提是其于2018年4月前能恢复生产,预测恒隆作物2018~2022年的净利润分别为0.89亿元、1.22亿元、1.41亿元、1.48亿元及1.54亿元,2023年及以后永续年的净利润为每年1.59亿元,并据此评估出恒隆作物的价值。目前,恒隆作物一直处于停产状态,何时复产尚不可知,2018年与2019年净利润合计极有可

能为亏损,已不能满足估值时的假设条件和盈利预测。如上市公司及控股股东执意要推迟业绩承诺及补偿,投服中心建议上市公司对标的资产的价值进行重新评估,并在评估值中扣除由上市公司承担的提标改建投入,扣除在恒隆作物停产期间9.04亿元收购款可产生的同期银行贷款利息。

三是建议控股股东亚邦集团等原价购回恒隆作物70.60%的股权。调整业绩承诺的方案显示,如恒隆作物在2020年12月31日前仍未恢复正常生产经营或者在此之前出现关停、整合等情形,业绩承诺主要责任方亚邦集团将与上市公司积极协商相关方案,采取一切有效措施维护上市公司利益,但其并未给出明确、具体的方案,无法预防控股股东一再更改和延后业绩承诺,逃避补偿义务。投服中心建议,如出现恒隆作物迟迟无法复产或关停等情况,控股股东亚邦集团等交易对方以原价购回恒隆作物70.60%的股权,并承担停产期间恒隆作物给上市公司造成的损失。

案例20　商赢环球控股股东变更重组业绩承诺

2019年年底，因收购的环球星光国际控股有限公司（以下简称环球星光）连续2年未实现业绩承诺，商赢环球股份有限公司（以下简称商赢环球或上市公司）拟调整上市公司实控人杨某等业绩承诺方的业绩承诺补偿方式并下调补偿金额，引起了广大中小投资者的不满。投服中心作为上市公司的小股东和中小投资者保护公益机构，呼吁广大中小投资者积极行使表决权，维护自身权益。

一、案例简介

（一）上市公司基本情况

商赢环球成立于1999年，于1999年7月在上海证券交易所上市。2019年12月10日发布关联交易公告时，商赢环球股价为14.74元/股，总股本为4.70亿股，总市值69.28亿元。商赢环球控股股东是商赢控股集团有限公司，持股比例为12.94%；实际控制人是杨某及其一致行动人，通过直接或间接持股方式，合计持有商赢环球23.88%的股权。

商赢环球属于服装制造业，主要从事纺织服装，集服装研发、设计、生产和销售于一体，主营业务按产品分类，包括布料贸易和成衣销售等，其中成衣产品以少女装、轻熟女装、运动服饰、青少年服饰为主，旗下包括One World、Live and Let Live、World Unity及Unity等多个女性服装自有品牌和运动潮牌Active等，其三年的财务状况和经营成果如表1-20-1所示。

表 1-20-1 商赢环球基本财务指标

单位:万元

项目	2018 年 12 月 31 日	2017 年 12 月 31 日	2016 年 12 月 31 日
总资产	227,921.93	420,641.30	395,442.47
总负债	110,059.50	121,950.43	105,044.61
股东权益	117,862.43	298,690.87	290,397.86
项目	2018 年	2017 年	2016 年
营业收入	216,250.21	218,743.33	42,967.22
利润总额	-177,586.26	16,463.86	2976.71
净利润	-183,056.44	12,764.09	3195.63

(二)标的公司基本情况

环球星光于 2012 年成立,集服装研发、设计、生产和销售于一体,目前共 8 家全资子公司,包括零售、贸易、制造三大业务板块,主要面对美国市场,旗下有包括 Oneworld 等多个自有女装品牌,还为 Under Armour(安德玛)提供 APS 公司代工服务。标的公司被收购时近一年及一期的财务状况和经营成果如表 1-20-2 所示。

表 1-20-2 环球星光基本财务情况

单位:万元

项目	2014 年 9 月 30 日	2013 年 12 月 31 日
总资产	8960.40	7061.04
总负债	6194.67	6363.36
股东权益	2765.73	697.69
项目	2014 年 1~9 月	2013 年
营业收入	45,715.39	72,004.90
利润总额	2620.20	2159.14
净利润	2620.20	2159.14

二、案例分析

(一)行权过程

2019 年 12 月 4 日,投服中心通过公开发声的方式对商赢环球行权,反对控股股东变更业绩补偿方式并下调补偿金额。商赢环球于 2019 年 12 月 27 日召开临时股东大会审议此事项，杨某及其一致行动人作为关联方回避表决，最终表决以99.68%的比例通过了业绩承诺调整方案。

（二）行权内容分析

2016年9月商赢环球以非公开发行股票的方式收购环球星光95%股权，收购时作价约人民币18.80亿元，评估增值率达268.63%。杨某和罗某某承诺环球星光2017~2019年的扣非后归母净利润分别不低于6220万美元、8460万美元及11,870万美元，复合增长率达到38.14%。收购完成后，环球星光2017~2018年均没有完成业绩承诺，扣非后归母净利润为人民币1.39亿元和-9.80亿元，承诺完成率仅为-77.34%。商赢环球于《2018年年度报告（修订稿）》中披露，本次重大资产重组形成商誉总额为人民币13.71亿元，已计提减值准备12.75亿元。

商赢环球于2019年11月21日发布的《资产收购协议之第四次补充协议》（以下简称《第四次补充协议》），约定业绩承诺方由现金补偿变更为非现金和现金补偿相结合的方式，并调整补偿金额。根据中国证监会于2016年6月17日发布的《关于上市公司业绩补偿承诺的相关问题与解答》，上市公司在重大资产重组中，重组方的业绩补偿承诺不能变更，投服中心认为变更业绩补偿承诺不符合相关规定。同时，变更补偿方式并下调业绩补偿金额严重损害了上市公司和中小股东的权益，原因如下。

1. 下调业绩承诺补偿金额进一步扩大收购环球星光造成的损失

商赢环球非公开发行股票后，总股本约为4.7亿股，上市公司归属于母公司的所有者权益为28.13亿元，每股净资产为5.99元/股。收购环球星光后，商赢环球每股净资产仍为5.99元/股，但其中包含收购产生商誉的2.92元/股。2017~2018年，商赢环球计提商誉减值12.74亿元，环球星光累计亏损8.41亿元，对商赢环球现金补偿4.70亿元。截至2018年12月31日，商赢环球因此遭受了16.45亿元的巨额损失，每股净资产降低了3.50元/股。若不考虑商赢环球其他的盈亏因素，商赢环球每股净资产将降低为2.49元/股。

2019年11月21日，上市公司披露《第四次补充协议》，约定应补偿金额=上市公司支付的应支付的全部交易对价和增资款-环球星光2019年9月30日经审计的净资产金额-业绩承诺方已支付的业绩补偿金。由于上市公司尚未披露环球星光的审计评估报告，本次赔偿的具体金额无法确定。但根据上市公司的披露信息，环球星光第三期业绩实际情况预计仍将亏损,因此,本次约定的补偿金额将远低于原《资产收购协议》约定的业绩补偿金额。若是业绩承诺方能够按照原《资产收购协议》进行补偿,上市公司遭受的损失则会相对减轻;若按照《第四次补充协议》约定的补偿金额进行补偿,投资者的损失弥补程度将大幅减少。

2. 变更业绩承诺补偿方式增加了业绩承诺补偿的不确定性

上市公司公告称考虑罗某某和杨某的资产状况及补偿方式的经济性、及时性以及可操作性,补偿方式由以现金补偿方式变更为以现金和非现金资产相结合。杨某作为业绩承诺方之一,拥有包括港大零售等公司的股权。港大零售 2019 年中期报告显示,杨某拥有的股权绝大部分已质押给了中国长城资产管理股份有限公司,能否用于补偿存在巨大不确定性。投服中心建议,上市公司要求杨某将拟用于业绩补偿的非现金资产变现后直接补偿给上市公司,以减少本次业绩承诺补偿的不确定性。

案例21　深大通控股股东变更重组业绩承诺

一、案例介绍

(一)上市公司基本情况

深圳大通实业股份有限公司(以下简称深大通)成立于1987年,公司股票于1994年8月8日在深圳证券交易所挂牌交易。截至2019年12月31日,公司总股本为522,777,419股,控股股东姜某,持股比例为21.4%。2015年深大通发行股份及支付现金购买资产时其主营业务为房地产开发。

(二)标的公司基本情况

浙江视科文化传播有限公司(以下简称视科传媒)于2008年成立,注册资本为8888.89万元,夏某明持有视科传媒29.075%的股权,为视科传媒控股股东和实际控制人。自成立以来,视科传媒一直致力于发光二极管(Light Emitting Diode, LED)显示屏商务活动业务的开拓,2012年以来,视科传媒逐步向户外媒体运营商转型。根据瑞华会计师事务所为视科传媒出具的《审计报告》,重组时视科传媒两年及一期的财务数据及财务指标如表1-21-1所示。

表1-21-1　视科传媒基本财务指标

单位:万元

项目	2015年9月30日	2014年12月31日	2013年12月31日
资产总计	35,783.81	14,001.60	3173.88
负债合计	7770.11	3708.02	1476.29
股东权益合计	28,013.70	10,293.58	1697.59

续表

项目	2015 年 1 ~ 9 月	2014 年	2013 年
营业收入	20,324.70	8358.46	2569.12
营业利润	11,443.00	4168.73	730.10
利润总额	11,384.59	4097.16	730.09
净利润	8480.12	3065.99	490.74

冉十科技(北京)有限公司(以下简称冉十科技)于 2012 年成立,注册资本为 500 万元,曹某芳持有冉十科技 63% 的股权,为冉十科技控股股东和实际控制人。冉十科技主营业务为移动互联网广告营销业务,包括移动互联网网页广告(以 Wap 广告为主)和移动互联网应用广告(APP 广告)业务,同时,冉十科技亦为客户提供无线整合营销业务。根据瑞华会计师事务所为冉十科技出具的《审计报告》,重组时冉十科技两年及一期的财务数据及财务指标如表 1 -21 -2 所示。

表 1 -21 -2　冉十科技基本财务指标

单位:万元

项目	2015 年 9 月 30 日	2014 年 12 月 31 日	2013 年 12 月 31 日
资产总计	10,753.23	4284.81	604.63
负债合计	3650.82	2215.43	497.80
股东权益合计	7102.41	2069.38	106.83
项目	2015 年 1 ~ 9 月	2014 年	2013 年
营业收入	20,191.35	7686.18	1357.85
营业利润	6751.65	2091.79	21.81
利润总额	6748.82	2091.79	9.81
净利润	5033.03	1562.55	6.78

(三)收购时重组方案

公司于 2016 年 1 月通过发行股份及支付现金的方式,购买了冉十科技原股东 3 人合计持有的冉十科技 100% 的股权和视科传媒原股东 8 人合计持有的视科传媒 100% 股权。

1. 估值情况

以 2015 年 4 月 30 日为评估基准日,采用收益法评估,冉十科技 100% 全部股东权益价值为 105,481.00 万元,与账面值 3926.15 万元相比评估增值 101,554.85 万元,增值率为 2586.63%。采用收益法评估,视科传媒全部股东权益价值为

170,203.00 万元,较账面值增值 147,782.84 万元,增值率为 659.15%。经交易各方协商,冉十科技 100%股权的交易作价为 105,000.00 万元,视科传媒 100%股权的交易作价为 170,000.00 万元,交易总额合计 275,000.00 万元。

2.支付方式和支付期限

交易采用发行股份及支付现金相结合的方式,交易总支付对价 275,000.00 万元,其中股份支付对价 195,697.125 万元,按每股发行价格 20.42 元计算,发行股份数量 95,836,003 股;现金支付对价 79,302.875 万元,以配套募集资金支付。

3.业绩承诺与补偿

公司与冉十科技原股东于 2015 年 7 月签订《发行股份及支付现金购买资产协议》《标的资产盈利预测补偿协议》,并于 2015 年 8 月签订《发行股份及支付现金购买资产协议、标的资产盈利预测补偿协议的补充协议》,根据约定,冉十科技原股东承诺冉十科技 2015 年至 2017 年净利润分别不低于人民币 7000 万元、8750 万元及 10,937 万元,否则冉十科技原股东应按约定向上市公司进行补偿。

公司与视科传媒原股东于 2015 年 7 月签订《发行股份及支付现金购买资产协议》《标的资产盈利预测补偿协议》,并于 2015 年 8 月签订《补偿协议》,及签署《发行股份及支付现金购买资产协议、标的资产盈利预测补偿协议之补充协议(二)》,根据约定,视科传媒原股东承诺视科传媒 2015 年至 2018 年净利润分别不低于 13,100 万元、16,500 万元、19,800 万元及 21,200 万元,否则视科传媒原股东应按约定向上市公司进行补偿。

(四)调整业绩承诺方案

2019 年 12 月 3 日,深大通公告,上市公司分别与视科传媒、冉十科技的原股东签署了承诺变更和解协议,拟大幅降低原股东对上市公司的补偿义务,并拟于 2019 年 12 月 18 日召开临时股东大会审议此事项。

公司与视科传媒原股东达成了和解并签订了和解协议,对 2018 年的自愿性承诺进行了变更,具体如下:和解协议生效且视科传媒原股东按照和解协议履行补偿义务,在 2015 ~ 2017 年不存在或有补偿的情况下,将原股东(除夏某明以外)2018 年的补偿义务从 120,572.49 万元变更为 2.74 亿元。如果 2015 ~ 2017 年存在或有补偿的情况,则将原股东(除夏某明以外)2018 年的补偿义务从 120,572.49 万元变更为 2.74 亿元至 0 元(0 元的情况下,为豁免视科传媒除夏某明之外原股东因自愿增加 2018 年业绩承诺导致的业绩补偿、应收账款补偿、资产减值补偿义务)。

公司与冉十科技原股东达成了和解并签订了和解协议,对 2018 年的自愿性承诺进行了变更,具体如下:和解协议生效且冉十科技原股东按照和解协议履行补偿义务,重组协议不存在或有补偿的情况下,将原股东的因自愿增加 2018 年业绩承诺导致的补偿义务从 61,213.79 万元变更为 3500.00 万元。和解协议生效且冉十科技原股东按照和解协议履行补偿义务,将原股东的承诺“截至 2019 年 12 月 31 日,冉十科技 2018 年 12 月 31 日账面记载的应收账款余额(按单一合同)应全额收回,未能及时收回的金额由冉十科技原股东以现金补偿,并于 2020 年 1 月 10 日前补偿完毕”变更为“冉十科技原股东及曹某发负责在 2020 年 10 月 31 日以前收回冉十科技 2018 年账面所列的全部剩余应收账款,其中 2019 年 12 月 31 日前收回不低于 1.2 亿元”。增加了 2019 年应收账款承诺,冉十科技原股东及曹某发负责在 2020 年 12 月 31 日前收回冉十科技 2019 年产生的全部应收账款,金额以 2019 年年度审计报告中应收账款数额为准。

二、案例分析

(一)行权过程

2019 年 12 月 3 日,深大通公告,上市公司分别与 2015 年收购的视科传媒、冉十科技的原股东签署了承诺变更和解协议,拟大幅降低原股东对上市公司的补偿义务,并拟于 2019 年 12 月 18 日召开临时股东大会审议此事项,深大通持股 5% 以上的股东(姜某、朱某英、青岛亚星实业、视科传媒原大股东夏某明、冉十科技原大股东蔡某芳)作为关联方将回避表决,投服中心认为此举严重侵害上市公司及中小股东利益,呼吁广大中小投资者积极行权。

(二)行权内容分析

1. 将补偿金额从 21.80 亿元变更为 6.72 亿元,导致上市公司每股净资产减少 2.89 元,严重损害上市公司和投资者利益

2019 年 12 月 3 日,深大通公告称与有关业绩补偿方达成和解协议,在 2015 ~ 2017 年不存在或有补偿的情况下,拟将视科传媒除夏某明(已因个人原因被采取刑事强制措施)以外的原股东 2018 年的补偿义务从 12.06 亿元变更为 2.74 亿元;将

冉十科技原股东2018年的补偿义务从9.75亿元变更为3.98亿元(不考虑2019年未确定的应收账款补偿额),同时延长冉十科技应收账款回收时间及相应的补偿期限(将原股东承诺的2018年的应收账款的回收期限延长至2020年10月31日;增加了2019年应收账款承诺应于2020年12月31日前收回的承诺,相关条款详见公告)。以上合计减少补偿15.09亿元,以5.23亿总股本计算,将导致每股净资产损失2.89元,严重损害上市公司及小股东利益。

2. 上市公司当年极不谨慎的"三高"收购早已埋下隐患

2015年深大通进行重大资产重组,以发行股份及支付现金的方式,分别以10.50亿元和17.02亿元收购视科传媒、冉十科技100%的股权,估值增值率分别高达659.15%和2586.63%。收购完成后形成24.54亿元的巨额商誉(其中,视科传媒确认商誉13.66亿元,冉十科技确认商誉9.18亿元)。视科传媒于2008年成立,注册资本为8888.89万元,主要从事综合性户外媒体联网联播业务,该公司2013年、2014年、2015年1~9月净利润分别为491万元、3066万元及8480万元,2015年前3季度净利润较2013年大幅增长1627.09%,在重组前1年"冲业绩"迹象明显。为了取得高估值,原股东还承诺公司2015~2018年净利润不低于1.30亿元、1.65亿元、1.98亿元及2.12亿元,年复合增长率为17.71%。冉十科技于2012年成立,注册资本为500万元,冉十科技主要从事线上广告一体化整合营销业务,该公司2013年、2014年、2015年1~9月净利润分别为6.78万元、1563万元及5033万元,2015年前3季度净利润较2013年大幅增长74,133.04%,原股东承诺公司2015~2018年净利润不低于7000万元、8750万元、1.0937亿元及1.3635亿元,年复合增长率为24.89%。两家公司是典型的轻资产公司。轻资产公司只有经历长期的品牌建设和客户积累,才能形成稳定的估值,而视科传媒2013年净利润只有491万元,冉十科技2013年净利润只有6.78万元,且冉十科技2012年刚成立,均不具备颠覆性的创意及核心技术,上市公司却为此支付了10.50亿元和17.02亿元的高额对价,是典型的"三高"(高估值、高承诺、高商誉)收购,为之后的无法完成业绩承诺及业绩断崖式下跌埋下了隐患。

3. 前次收购的既得利益者通过承诺变更协议逃避巨额补偿义务

通过前次的"三高"收购,视科传媒和冉十科技的原股东获得上市公司价值为19.57亿元的股权和7.93亿元现金。其中,视科传媒原股东朱某英、夏某明、罗某、修某贵等股东分别获得上市公司19.70%股权、7.41%股权、1.24%股权和1亿元现金、1.15%股权和9350万元现金;冉十科技原股东曹某芳、李某、莫某雅分别获得上市公司9.91%股权、0.47%的股权和2.31亿元现金、0.32%的股权和1.05亿元现金。根据业绩补偿方案,视科传媒原股东作为补偿义务人应补偿9.75亿元,如果此次调整补偿协议获通过,以上补偿义务人将逃避补偿责任5.77亿元;冉十科技原股东(除夏某明外)作为补偿义务人应补偿12.06亿元,如果此次调整补偿协议获通过,以上补偿义务人将逃避补偿责任9.32亿元。如按此补偿协议执行,利益受损的将是上市公司及广大投资者。

案例 22　关注＊ST 斯太商誉减值呼吁上市公司积极释疑

2018 年 10 月 31 日，斯太尔动力股份有限公司（以下简称＊ST 斯太，股票代码为 000760）发布了《关于计提商誉减值准备的公告》，拟对 2013 年收购斯太尔动力（江苏）投资有限公司（以下简称斯太尔江苏）并增资 STEYR MOTORS GmbH（以下简称奥地利斯太尔）所形成的商誉账面余额 9716.56 万元全部计提商誉减值准备。

一、案例简介

（一）上市公司基本情况

＊ST 斯太成立于 1994 年，于 1997 年 6 月 11 日在上海证券交易所主板上市交易。＊ST 斯太属于机动车零配件与设备行业，主营产品为多缸柴油发动机以及与辅助动力单元（Auxillary Power Unit，APU）、增程器电机相匹配的中轻型、高压泵喷嘴系列柴油机，其三年的财务状况和经营成果如表 1－22－1 所示。

表 1－22－1　＊ST 斯太基本财务指标

单位：万元

项目	2019 年 9 月 30 日	2018 年 12 月 31 日	2017 年 12 月 31 日
总资产	72，765.02	79，820.75	240，620.16
总负债	24，115.94	26，160.33	59，146.84
股东权益	48，649.08	53，660.43	181，473.32

续表

项目	2019 年 1 ~ 9 月	2018 年	2017 年
营业收入	783.62	21,753.33	15,136.11
利润总额	-5011.35	-129,540.85	-10,126.54
净利润	-5011.35	-130,839.74	-16,987.34

(二)标的公司基本情况

2013 年 11 月公司通过非公开发行股票募集资金 15 亿元,其中 5 亿元用于购买武汉梧桐硅谷天堂投资有限公司[以下简称武汉梧桐,后更名为“斯太尔动力(江苏)投资有限公司”,即斯太尔江苏]100% 股权,3 亿元用于对奥地利斯太尔(斯太尔江苏于 2012 年收购的全资子公司)增资扩产。上述交易对公司形成合并商誉 3.45 亿元,斯太尔江苏和奥地利斯太尔均为商誉所涉标的资产。

标的资产主营业务包括柴油发动机的制造与销售等,由于国家柴油发动机排放标准的升级,柴油发动机行业于 2014 ~ 2016 年整体低迷。受排放政策制约,斯太尔江苏原有增程柴油发动机、4 缸柴油发动机和 6 缸柴油发动机产品平台面临技术升级需求,同时由于奥地利斯太尔柴油发动机国产化进程不顺利,导致其 2014 ~ 2016 年业绩不佳,未实现承诺业绩(见表 1 - 22 - 2)。

表 1 - 22 - 2 斯太尔江苏业绩承诺实现情况

单位:亿元

项目	2016 年	2015 年	2014 年	合计
承诺业绩	6.10	3.40	2.30	11.80
实际业绩	1.23	-0.11	0.74	1.86
完成率(%)	20.16	-3.24	32.17	15.76

(三)商誉减值情况

2018 年 10 月计提商誉减值准备时,斯太尔江苏商誉账面原值为 13,858.71 万元,累积计提商誉减值准备 4973.06 万元,商誉账面余额 8885.65 万元;奥地利斯太尔的商誉账面原值为 20,676.37 万元,累积计提商誉减值准备 19,845.46 万元,商誉账面余额 830.91 万元。

二、案例分析

（一）行权过程

2019 年 6 月 12 日，投服中心通过公开发声方式，向 * ST 斯太提出两方面问题：一是公司是否于 2014 年终对商誉所涉标的资产进行了减值测试；二是承诺方是否通过不实的减值测试结果规避减值补偿。

（二）行权内容分析

1. 公司是否于 2014 年终对商誉所涉标的资产进行了减值测试

2013 年 11 月公司通过非公开发行股票募集资金 15 亿元，其中 5 亿元用于购买武汉梧桐（后更名为斯太尔江苏）100% 的股权，3 亿元用于对奥地利斯太尔（武汉梧桐于 2012 年收购的全资子公司）增资扩产。前述交易对公司形成合并商誉 3.45 亿元，武汉梧桐和奥地利斯太尔均为商誉所涉标的资产。

根据《会计监管风险提示第 8 号——商誉减值》（以下简称商誉减值 8 号文）的规定，并购重组相关方至少在每年年终进行商誉减值测试，不得以存在业绩补偿承诺、尚在业绩补偿期为由不进行商誉减值测试。公司披露于 2015 年及 2016 年年终对商誉所涉标的资产进行了商誉减值测试，并披露了北京国融兴华资产评估有限责任公司出具的商誉减值测试评估报告，但公司未披露 2014 年年终是否对商誉所涉标的资产进行过减值测试及测试评估结果，请公司补充披露相关信息。

2. 承诺方是否通过不实的减值测试结果规避减值补偿

（1）标的资产连续 3 年未实现承诺业绩、所属行业不景气，减值测试的评估结果仍为增值是否合理。标的资产主营业务包括柴油发动机的制造与销售等，由于国家柴油发动机排放标准的升级，柴油发动机行业于 2014 ~ 2016 年整体低迷。受排放政策制约，斯太尔江苏原有增程柴油发动机、4 缸柴油发动机和 6 缸柴油发动机产品平台面临技术升级需求，同时由于奥地利斯太尔柴油发动机国产化进程不顺利，导致其 2014 ~ 2016 年业绩不佳，未实现承诺业绩。根据公司公告，斯太尔江苏 2014 ~ 2016 年实际完成业绩为 7406.57 万元、-1056.93 万元以及 1.23 亿元，3 年累计业绩完成率仅为 15.80%，实际业绩与 3 年承诺业绩 2.30 亿元、3.40 亿元、6.10 亿元（合计 11.80 亿元）差异巨大。

根据商誉减值8 号文的规定,当相关资产现金流或经营利润持续恶化或明显低于形成商誉时的预期,特别是被收购方未实现承诺业绩的,以及所处行业政策等发生明显不利变化时,应认定出现特定减值迹象。一旦认定资产减值,按照双方协议约定,将可能触发控股股东减值补偿义务。而评估机构作出的减值测试评估报告显示,斯太尔江苏 2016 年终对应的资产组价值由 2015 年年终的 6.50 亿元增加至 10.28 亿元,增值率达 58.15%。请问评估机构在标的资产连续 3 年未实现承诺业绩、业绩完成率仅为 15.80%、标的资产经营业绩持续不佳、柴油发动机行业政策变化、整体行业不景气的情况下仍作出标的资产增值的评估结论是否真实、公允,公司依据评估报告于 2014 年及 2016 年未计提商誉减值是否审慎、合理,2015 年仅计提商誉减值 4666.17 万元是否充分、准确。

(2)承诺期届满时未发生商誉减值,承诺期满后大额减值,是否存在规避减值补偿的嫌疑。按照利润补偿协议,若商誉所涉标的资产在承诺期届满时测试减值,控股股东将可能需要履行减值补偿义务。由于评估机构测试商誉所涉标的资产于 2016 年年终(承诺期届满时)未减值,没有触发控股股东的减值补偿义务。但承诺期满后仅 1 年,公司于 2017 年度及 2018 年第三季度就商誉所涉标的资产计提减值 20,152.35 万元及 9716.56 万元,其中 2017 年计提理由为业绩未达预期。请公司说明标的资产连续 3 年未达预期、承诺期届满时未出现减值,却在承诺期满后以同样理由计提大额商誉减值的合理性,承诺方是否存在规避履行减值补偿义务的嫌疑。

案例 23　从康尼机电收购项目呼吁中介机构应归位尽责敬畏专业、敬畏中小投资者

2019 年 6 月 26 日，南京康尼机电股份有限公司（以下简称康尼机电，股票代码为 603111）公告，拟作价 4 亿元向纾困发展基金出售全资子公司广东龙昕科技有限公司（以下简称标的公司）100% 的股权。标的公司是康尼机电于 2017 年 12 月以 34 亿元交易价格收购，仅时隔 1 年多，价值缩水 30 亿元，引起市场广泛热议，投资者质疑不断。

一、案 例 简 介

2017 年 3 月 24 日，康尼机电公告了《发行股份及支付现金购买资产并募集配套资金暨关联交易报告书（草案）》，拟通过发行股份的方式购买标的公司 100% 的股权，交易价格为 34 亿元。本次交易康尼机电通过发行股份支付约 23.37 亿元，现金方式支付约 10.63 亿元，股份发行价格为 14.96 元/股［本次重组案例的详细内容及分析详见投服中心系列丛书《重大资产重组行权案例评析（2018 年）》案例 15（第 159 页）］。

二、案 例 分 析

（一）行权过程

2019 年 7 月 9 日，投服中心公开发声对中介机构在收购项目中是否勤勉尽责存疑，建议康尼机电及相关中介机构向广大投资者充分释疑。同时，也呼吁中介机构在从事资本市场服务业务时，应当敬畏法律，敬畏专业，恪守执业道德和执业规

则,保证其出具的文件真实、准确、完整。2020 年 5 月 12 日,康尼机电收到中国证监会《行政处罚告知书》,认定康尼机电在重组报告书中未披露标的公司 3.045 亿元定期存单的质押情况,存在重大遗漏;2015 ~ 2017 年标的公司存在虚增收入、利润等财务造假行为,康尼机电披露的重组报告书存在虚假记载等。

(二)行权内容分析

1. 中介机构在尽职调查过程中是否勤勉尽责

(1)中介机构是否遗漏重要信息。公司公告,康尼机电于 2017 年 12 月以发行股份及支付现金的方式完成对标的公司 100% 股权的收购。交易完成后,公司发现标的公司原董事长、总经理廖某茂以标的公司名义对外违规担保 6.12 亿元、违规借款 1.67 亿元、违规质押 3.05 亿元,导致标的公司银行账户被冻结,资金链断裂,供应商停滞供货,客户订单大幅萎缩,生产经营受到严重影响。2018 年度,标的公司巨额亏损 11.50 亿元,不仅没有完成 3.08 亿元的承诺业绩,也已资不抵债。康尼机电因此计提资产减值准备 29.84 亿元、计提预计负债 4.66 亿元,导致康尼机电 2018 年利润减少 34.51 亿元,净利润同比下降 1221.70%。截至公开发声日,康尼机电已被中国证监会立案调查,廖某茂被司法机关刑事拘留,但由于业绩承诺方大部分股票已处于质押或冻结状态,上市公司能否追偿 22.59 亿元业绩补偿款存在重大不确定性。

康尼机电公告称,廖某茂以标的公司在厦门国际银行股份有限公司珠海拱北支行的 3.045 亿元定期存单为深圳市鑫联科贸易有限公司向厦门国际银行珠海分行的 3 亿元授信贷款及资产管理计划提供质押担保,标的公司于 2017 年 9 月 20 日至 10 月 20 日为此签订了 6 份存单质押合同。该质押担保未在 2017 年 12 月 1 日公司披露的重组交易报告书、中介机构的核查意见书中披露。前述质押行为数额巨大,属于收购过程中介机构尽职调查工作中的重要核查要点,请说明为何中介机构没能通过银行函证等查验方式及时发现。

另外,在重组交易报告书披露日,即 2017 年 12 月 1 日之前,标的公司还存在 5 笔违规担保及借款行为,即标的公司作为担保人于 2015 年 3 月 4 日出具了《担保承诺函》为借款人舒某 3400 万元借款承担连带保证责任;标的公司作为借款人于 2017 年 8 月 4 日与刘某彩签订 2 份借款合同,涉及金额未知;标的公司作为担保人于 2015 年 1 月 1 日至 2017 年 11 月 28 日为 2 笔民间借贷承担担保责任,涉及金额

5065.67 万元。以上担保、借款行为也未在重组交易报告书、中介机构的核查意见书中提及。财务顾问国泰君安证券股份有限公司、江苏苏亚金诚会计师事务所及北京嘉源律师事务所在回复上海证券交易所关于核查情况的问询函中没有提及是否就标的公司借款、对外担保事宜向标的公司的相关财务人员、公章管理人员等进行了必要访谈。依据《律师事务所证券法律业务执业规则(试行)》等相关规定,对于标的公司对外担保的查验应当与公司财务负责人等相关人员、会计师面谈,向公司的开户银行、登记机关等部门进行查证、确认。对标的公司财务人员、公章管理等业务操作人员的访谈属于尽职调查工作的基本方式之一,请中介机构说明在尽职调查过程中是如何履行的勤勉尽责义务。

(2)中介机构回复上海证券交易所的核查说明较为牵强、敷衍。各中介机构在回复上海证券交易所的问询函中强调已履行勤勉尽责义务,但受限于调查手段和交易对方的恶意隐瞒,未能发现标的公司前述问题。但多笔担保、借款、质押交易均发生在公司收购标的公司之前且金额较大,通过银行函证、内部人员访谈等基本的查证方式,中介机构应该可以发现前述历史交易,将未能发现的理由归责于对方隐瞒、调查受限、并依赖对方出具的各类确认函及承诺函的说辞较为牵强、敷衍。此外,经查询,国家企业信用信息公示系统显示,2017 年 8 月 8 日标的公司就中国光大银行股份有限公司东莞分行 2000 万债权进行了动产抵押登记(登记号:0769 东莞 0020170808010),但 2017 年 12 月公司披露的重组交易报告书也未披露该笔抵押信息,该抵押信息可通过公开渠道轻易查询,中介机构针对上海证券交易所的问询回复无法证明其履行了勤勉尽责义务。

2. 中介机构是否履行了持续督导义务

康尼机电公告称,标的公司作为担保人于 2018 年 2 月至 3 月为 3 笔民间借贷承担担保责任,涉及金额 3.64 亿元,2018 年另有 2 笔担保交易(金额及相关信息未知)。前述已披露的违规担保行为发生于康尼机电收购完成后 3 个月左右。康尼机电财务顾问、北京嘉源律师事务所于 2018 年 3 月还出具了完成重组事项股票发行及实施结果的核查意见,均未披露新发生的担保行为。按照《上市公司重大资产重组管理办法》《律师事务所从事证券法律业务管理办法》的规定,财务顾问对实施重大资产重组的上市公司应履行持续督导职责,督导期不少于交易完成后 1 个会计年度,律师事务所在向中国证监会报送法律意见书后公司发生重大事项的应当及时提出补充意见。请中介机构说明在后续出具的核查报告中为何没有及时发现并披露标的公司新发生的担保行为,中介机构是否履行了持续督导义务。

案例24　华昌达控股股东违规以公司名义借款

2017年12月华昌达智能装备集团股份有限公司(以下简称华昌达,股票代码为300278)及其实际控制人颜某与武汉国创资本投资有限公司(以下简称武汉国创)之间的借贷纠纷成为市场热点,引起中小投资者广泛热议。本次事件的焦点是公司原实际控制人兼董事长颜某假借上市公司名义向武汉国创借款2亿元是否需要上市公司偿还?若借款合同上加盖的印章系颜某伪造,颜某的借款行为是否构成表见代理?2020年2月5日,公司公告称,该案件已经由湖北省高级人民法院审理判决,判决结果为公司败诉,案件进入执行过程,公司与武汉国创达成和解。

一、案例简介

(一)上市公司基本情况

华昌达成立于2003年,于2011年12月7日在深圳证券交易所创业板上市交易,首发后总股本8670万股,其中颜某持有48.49%,罗某持有5.56%,两人为夫妻关系,合计持有54.50%的股份,共同为公司实际控制人。2017年报告期末,颜某与罗某已解除夫妻关系,不再是一致行动人,颜某持有公司30.15%的股权,单独为公司实际控制人。2018年7月6日,公司实施了限制性股票激励计划,实施后公司无单一股东持股比例超过总股本的30%,公司无实际控制人。

公司主营业务包括自动化智能装备的自主研发、设计、制造,安装调试,售后服务等,属于专业设备制造业。其三年的财务状况和经营成果如表1-24-1所示。

表 1 - 24 - 1　华昌达基本财务指标

单位:万元

项目	2019 年 9 月 30 日	2018 年 12 月 31 日	2017 年 12 月 31 日
总资产	384,060.47	454,884.80	457,714.51
总负债	280,243.80	283,225.82	293,599.44
股东权益	103,487.50	169,748.93	162,202.75
项目	2019 年 1 ~ 9 月	2018 年	2017 年
营业收入	111,810.01	272,547.62	296,602.68
利润总额	-65,525.50	6145.47	10,220.37
净利润	-67,299.89	2434.92	6535.42

(二)武汉国创基本情况

武汉国创成立于 2013 年 2 月 4 日,是武汉市人民政府国有资产监督管理委员会所控制的企业,属于资产管理与托管银行业,主要从事金融服务业投资、实业投资,受托资产管理与咨询业务。武汉国创股权关系结构如图 1 - 24 - 1 所示。

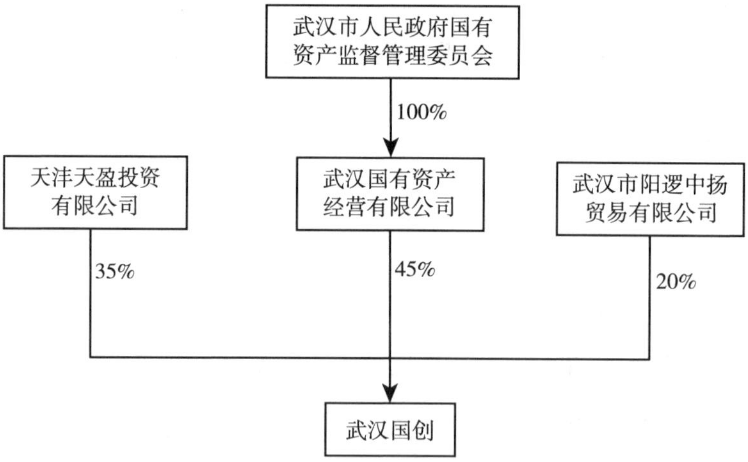

图 1 - 24 - 1　武汉国创股权关系结构

(三)颜某假借公司名义向武汉国创借款

2017 年 12 月 7 日,公司收到《民事裁定书》,武汉国创申请冻结公司及颜某价值 2.20 亿元的财产,导致颜某所持公司部分股票以及公司全资子公司上海德梅柯汽车装备有限公司(以下简称德梅柯)股权被冻结。经公司核实,公司从未与国创资本签订任何借款或担保协议,且颜某已偿还武汉国创 1 亿元债务,公司就股东私刻上市公司公章、假冒法人签字与国创资本产生的债务纠纷事宜向公安机关报案,同时向国家司法鉴定机构申请公章和法人签字的真伪鉴定。2018 年 1 月公司称经初步调查，上述债务纠纷诉讼案系颜某涉嫌伪造本公司公章、董事会决议、法定代表人印章骗取贷款所为。2020 年 1 月该案已经由湖北省高级人民法院审理判决，判决结果为公司败诉，案件进入执行过程。公司与武汉国创达成和解，协议约定将债务本金调整为 1.30 亿元，由公司分 3 年偿付，公司子公司德梅柯以其全部财产提供连带担保责任。

二、案例分析

(一)行权过程

2019 年 7 月 30 日，投服中心通过公开发声的方式，向华昌达提出两方面观点和疑问：一是实控人利用优势地位损害上市公司利益，应予严惩；二是若公司印章确为伪造，实控人假借公司名义借款是否仍构成表见代理？并呼吁上市公司充分搜集证据，中小股东共同维护上市公司权益。

(二)行权内容分析

1. 实控人利用优势地位损害上市公司利益，应予严惩

公司实际控制人、董事长作为上市公司治理的主导力量，其依法履职、诚实守信是上市公司合规经营和健康发展的重要保障。《公司法》及《深圳证券交易所创业板上市公司规范运作指引(2015 年修订)》规定，公司股东应当遵守法律法规和公司章程，不得滥用股东权利损害公司或者其他股东利益；控股股东、实际控制人应当善意使用其控制权，不得利用其控制权从事有损上市公司和中小股东合法权益的行为。虽然上市公司普遍建立了立足于监督制衡的公司治理机制，然而众多违法违规案例证明如果处于优势地位的实际控制人、董事长要蓄意违规，所谓的监督制衡机制会突然变得脆弱不堪。在本案案发时，颜某任华昌达实际控制人兼董事长，与妻子罗某(前公司法定代表人)合计持有公司 43.47% 的股权，是公司第一大控股股东，持股比例较为集中，该种优势地位为其超越权限损害上市公司利益提供了便利。依据公告及民事判决书，华昌达称颜某伪造公司印章于 2016 年 7 月 22 日假借公司名义与武汉国创签订借款合同，借款 2 亿元，颜某对此承担连带担保责任。2017 年 7 月 4 日前，公司已将在其他应付款科目下核算的 2 亿元

支付给颜某。按照华昌达《董事会议事规则》的规定,公司银行贷款或其他借款(除5000 万元以下)应由董事会决议通过。但颜某利用其控制地位凌驾于公司董事会、股东大会之上,假借公司名义骗取个人贷款,损害了上市公司及其他股东利益,其违法行为非常恶劣,应当受到法律的严惩。投服中心强烈谴责该种无视法律、滥用控制权、随意践踏公司决策机制的违法违规行为。上市公司是公众公司,其背后拥有成千上万的中小投资者,实际控制人的违法违规行为给上市公司带来的损害理应由那些违背忠实义务的相关责任主体承担,不应由中小投资者买单。

2. 若公司印章确为伪造,实控人假借公司名义借款是否仍构成表见代理

2018 年 12 月 12 日,湖北两江司法鉴定所认定武汉国创提交的借款合同等相关文件上加盖的华昌达公章、法定代表人印章均与华昌达在工商行政管理部门备案的印章不一致。公司已就颜某伪造公司公章及法定代表人印章向公安机关报案,目前已刑事立案。2019 年 3 月 12 日、6 月 20 日,武汉市中级人民法院及湖北省高级人民法院判决华昌达败诉,认为颜某在签订借款合同时是公司最大股东、董事长,且负责公司对外融资业务,武汉国创有理由基于其身份相信其有权办理借款业务,构成表见代理。公司已向最高人民法院提起申诉。

最高人民法院发布的《关于当前形势下审理民商事合同纠纷案件若干问题的指导意见》规定,“表见代理制度不仅要求代理人的无权代理行为在客观上形成具有代理权的表象,而且要求相对人在主观上善意且无过失地相信行为人有代理权;人民法院在判断相对人是否善意且无过失时应综合判断相对人是否尽到合理注意义务,还要考虑印章真伪、所借款项用途、是否参与合同履行等各种因素综合分析”。对此,投服中心咨询了公益律师,相关公益律师认为若本案最终确定借款合同上所盖印章均系颜某伪造,该事实可以作为法院判断是否构成表见代理的考量因素之一,同时法院也应结合相对人是否尽到合理注意义务、借款的实际用途等各种因素进行综合判断。

3. 呼吁上市公司充分搜集证据,中小股东共同维护上市公司权益

投服中心建议,华昌达通过合法手段向社会搜集一切可以还原事件真相的证据材料及相关信息,积极为后续法律程序提供充足的证明依据;同时,建议符合条件的股东必要时采取诉讼方式共同维护上市公司的合法权益。投服中心将持

续跟踪事态进展,呼吁上市公司控股股东、实际控制人应当诚实守信、依法履职,维护上市公司和全体股东的共同利益;也呼吁中小股东积极参与上市公司的公司治理,形成有效的外部约束机制,共同促进上市公司规范运作,提高上市公司治理水平。

案例25　＊ST中捷章程自治条款超越法律规定

中捷资源投资股份有限公司(以下简称＊ST中捷,股票代码为002021)公司章程(2018年5月)中规定,单独或合并持有公司表决权股份总数15%(不含投票代理权)以上,且持有时间1年以上的股东,如推派代表进入董事会的,应在股东大会召开前20日书面向董事会提出。2019年10月,＊ST中捷第二大股东宁波沅熙股权投资合伙企业(有限合伙)(以下简称宁波沅熙)关于修改公司章程、补选董事的临时提案因未在临时股东大会召开前20日提出而被公司董事会否决。

此次事件的焦点在于,上市公司是否可以通过章程的自治规定限制部分股东法定的提案权及对董事、监事的提名权。投服中心于2019年10月31日公开发声,认为章程条款可以自治,但自治条款不能违反法律明文规定,也不能违反基本法理和立法本意,类似的案例已有司法判例支持,建议＊ST中捷对现行章程规定尽快修订,及时纠正违反法律规定、不合理限制股东权利的条款,切实保护股东享有的提案权、选择公司管理者等法定权利。2019年12月＊ST中捷按照投服中心的建议对相关条款进行了修订完善。

一、超越法律的章程规定当属无效

2019年9月16日,北京市两高律师事务所为＊ST中捷出具了《关于公司董事会未将股东临时提案提交股东大会审议的法律意见书》,认为在公司章程中设置对公司董事提名的限制属于公司在章程范围内的自治,不违反现行法律法规的强制规定。对此,投服中心认为,《公司法》第102条第2款、《上市公司章程指引》(2019年修订)第53条及第82条、《上市公司股东大会规则》(2016年修订)第14条规定,单独或合计持股3%以上的股东可以在股东大会召开10日前提出临时提案，董事会应当在收到提案后2日内通知其他股东并将其提交股东大会审议，董事、监事候选人名单以提案方式提请股东大会表决。除此之外，相关规定未对股东提案权及董事、监事提名权设置其他附加条件，也未对持股期限作出任何限制规定，且明确规定临时提案需在股东大会召开10日前提出。

投服中心认为，＊ST中捷在章程中自行提高持股比例至15%、增加持股期限1年以上、要求董事提名的提案应在股东大会召开前20日提出，违反了《公司法》等相关法律规定，不合理地限制了股东临时提案权、股东对董事及监事的提名权，当属无效。

二、相关案例已有司法判例支持

2018年4月18日，上海某基层法院对投服中心诉某上市公司股东大会决议效力确认一案的判决书中明确表示，《公司法》规定单独或合计持有3%以上股份的股东可以在股东大会召开10日前提出临时提案，只要具有公司股东身份，就有选择包括非独立董事候选人在内的管理者的权利，在权利的行使上未附加任何的限制条件。在公司章程中设定"连续90天以上"的条件违反了《公司法》的规定，限制了部分股东就非独立董事候选人提出临时提案的权利，认定决议内容无效。投服中心认为，该判决结果从司法层面上确认了在章程中自行增设反收购条款、限制股东权利的行为不符合法律规定。

案例26　ST银亿受让山西凯能100%股权暨以资抵债的关联交易

2019年12月17日,银亿股份有限公司(以下简称ST银亿,股票代码为000981)公告了《关于签署〈股权转让暨以资抵债协议书〉暨关联交易的公告》(以下简称交易方案),公司实际控制人熊某强先生控制的宁波如升实业有限公司(以下简称如升实业)拟将其持有的山西凯能矿业有限公司(以下简称山西凯能)股权转让给公司,用以抵偿宁波银亿控股有限公司(以下简称银亿控股)及其关联方对公司的占款。

一、案例简介

(一)上市公司基本情况

ST银亿成立于1998年,于2000年5月18日在深圳证券交易所主板上市交易。发布交易方案时,ST银亿股价为1.49元/股,总股本为4,027,989,882股,总市值60亿元,在本次交易前,ST银亿控股股东为银亿控股、熊某凯,持股比例为36.22%。

ST银亿属于汽车制造业,主营业务为汽车动力总成业务、汽车安全气囊气体发生器业务和房地产开发业务,其三年的财务状况和经营成果如表1-26-1所示。

表1-26-1　ST银亿基本财务指标

单位:万元

项目	2019年12月31日	2018年12月31日	2017年12月31日
总资产	2,564,092.16	3,678,056.80	4,393,929.24
总负债	1,853,383.12	2,171,499.55	2,541,319.16
股东权益	710,709.04	1,506,557.25	1,852,610.08

续表

项目	2019 年	2018 年	2017 年
营业收入	706,020.47	896,975.89	1,270,274.29
利润总额	-722,914.10	-35,542.90	177,734.85
净利润	-698,972.94	-47,381.47	166,363.69

（二）标的公司基本情况

在本次重组交易中，购买山西凯能股权的交易对方为如升实业，其控股股东银亿投资控股集团有限公司同时是公司的控股方。如升实业的股权关系结构如图 1-26-1 所示。

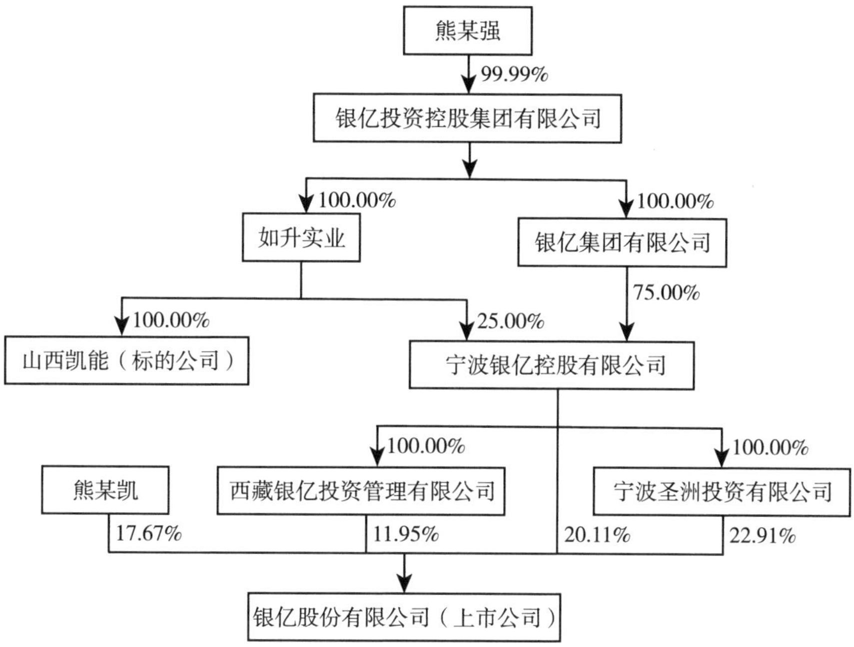

图 1-26-1　ST 银亿、如升实业及山西凯能股权关系结构

在本次交易完成后，ST 银亿将持有山西凯能 100% 的股权，其中 49% 用以抵偿银亿控股及其关联方对公司及下属公司相同数额的占款 92,965.06 万元，另外 51% 的股权作为银亿控股剩余占款清偿义务提供担保，银亿控股将在后续重整过程中筹集资金来偿还，受新冠肺炎疫情的影响，剩余占款的还款时间延迟至 2021 年 3 月 31 日。

山西凯能主营业务为矿业投资，同时经销石膏、硫铁矿、铝矾土、建材等，其核心资产为下属全资子公司灵石国泰能源有限公司名下的5家矿业公司,即山西灵石国泰宝华煤业有限公司、山西灵石国泰红岩煤业有限公司、山西灵石国泰鸿利煤业有限公司、山西灵石国泰南河煤业有限公司、山西灵石亨元顺煤业有限公司。本次评估分为两部分:一是对不包含采矿权的其他资产的评估,采用资产基础法评估结果,评估值为 -46.42 亿元;二是对5项采矿权的评估,评估值合计为67.51亿元。在本次以资抵债交易方案中,是将上述两评估值简单相加后的21.09亿元作为标的公司的整体估值。

(三)关联交易方案精要

本次交易方案分为两步:一是以标的公司49%股权抵偿9.30亿元占款;二是在双方约定期限内,将标的公司剩余51%股权过户至公司名下(但标的公司暂时不纳入公司合并报表范围),以这51%股权为剩余的5.26亿元占款(占款余额14.56亿元 - 标的公司49%股权已抵偿的9.30亿元)的偿还提供担保。若银亿控股未能在2020年4月15日前以现金或其他方式偿还,则以该51%股权抵偿。根据公司公告,银亿控股由于不能清偿到期债务,且其资产已不足以清偿全部债务,已经申请重整并被法院受理。2020年1月4日,山西凯能100%股权过户及工商变更登记工作已经全部完成。2020年4月16日,因遭遇新冠肺炎疫情这一不可抗力事件,使银亿控股重整时间安排与原定计划出现了一定的延后,公司公告了《股权转让暨以资抵债协议书之补充协议》,拟将银亿控股在重整程序中筹集现金或其他措施偿还剩余占款的日期由原定的2020年4月15日延期至10月31日,之后又延期至2021年3月31日。

二、案例分析

(一)行权过程

2020年1月2日,投服中心通过公开发声,针对本次以资抵债事项,向ST银亿提出两点质疑:一是本次交易或无法根本解决相关方对公司的资金占用问题,或新增关联方资金占用;二是公司全部股东权益的评估结论并非由具备证券期货从业资格的评估机构出具,评估值的合理性存疑。并呼吁广大中小投资者积极行权,维护自身权益。

（二）行权内容分析

1. 本次交易以包含43亿元关联担保的标的公司抵偿占款，或无法解决资金占用问题，或带来新的资金占用

根据公司公告，银亿控股由于不能清偿到期债务，且资产已不足以清偿全部债务，已经申请重整并被法院受理。以其目前的偿债能力，银亿控股极有可能到期无法偿还剩余5.26亿元占款，届时，公司将完全持有标的公司100%股权并将标的公司纳入合并报表范围。

截至2019年6月30日，标的公司存在向银亿控股及其关联方提供关联担保的情形，担保金额43.28亿元。根据浙江甬泰律师事务所出具的相关法律意见书，债权人很有可能会优先要求标的公司承担清偿责任。标的公司被纳入公司合并报表范围后，一旦被要求承担担保责任，将会产生两个结果：一是标的公司无法履行担保义务，直接被破产清算，那么本次交易实际上未能抵偿银亿控股及其关联方对公司的占款。二是标的公司自行履行或由公司帮助其履行担保义务，那么将产生新的公司关联方对公司及其子公司的资金占用。无论何种结果，都不能从根本上解决银亿控股及其关联方对公司的资金占用问题。

2. 评估机构不具备证券期货从业资格，评估值不宜在交易方案中直接引用

对标的公司的评估分为两部分。一是由具备证券期货从业资格的北京国融兴华资产评估有限公司（以下简称国融兴华）对不包含采矿权的其他资产的评估，评估值为-46.42亿元；二是由不具备证券期货从业资格的北京地博资源科技有限公司（以下简称地博资源）对5项采矿权的评估，评估值合计为67.51亿元。在本次以资抵债交易方案中，是将上述两评估值简单相加后的21.09亿元作为标的公司的整体估值。

《深圳证券交易所股票上市规则》第10.2.5条规定，公司与关联人发生的交易（公司获赠现金资产和提供担保除外）金额在3000万元以上，且占公司最近一期经审计净资产绝对值5%以上的关联交易，应当聘请具有从事证券、期货相关业务资格的中介机构，对交易标的进行评估或者审计。根据2019年9月更新的中国证监会《从事证券期货业务资产评估机构目录》，地博资源并不具备证券期货业务资产评估资格，其对矿业权的估值能否直接在交易方案中引用值得商榷。

案例27　呼吁市场各方各司其职保障股东分红权

一、背景介绍

2019年新年伊始，为鼓励上市公司在总结2018年成绩的同时，不忘回馈广大股东、分享上市公司收益、积极进行现金分红，投服中心撰写新闻稿，呼吁市场各方各司其职，保障股东分红权。

二、公开发声内容

2018年已经过去，广大投资者与上市公司风雨同舟又走过了一年。在公告年报、盘点收获的季节，广大投资者翘首以盼，期待充分分享上市公司成长的红利。作为专司中小投资者权益保护的公益机构，投服中心呼吁市场各方各司其职，充分保障投资者分红权。

（一）上市公司应依规拟定合理的现金分红方案

围绕现金分红，上市公司应做好以下四方面工作。一是重新审视梳理分红政策，确保公司章程中有关现金分红的规定符合中国证监会及证券交易所的要求。二是严格按照法律法规及公司章程的有关规定，结合公司的实际情况提出现金分红方案。三是在召开股东大会对现金分红方案进行审议前，上市公司应当通过多种渠道主动与股东特别是中小股东进行沟通和交流，充分听取中小股东关于现金分红的意见和诉求。四是做好相关信息披露工作，上市公司应从行业状况、自身所处的生命周期及生产经营规划等各个方面向股东解读现金分红方案的设计初衷，充分保障股东的知情权。

（二）上市公司做好子公司现金分红工作

由于上市公司决定是否应进行现金分红时，需要以母公司的财务报表中的未分配利润和合并报表中归属母公司的净利润两项指标为依据，因此，上市公司应做好下属子公司向母公司的利润分配工作，避免出现因子公司不向母公司分配利润，致使上市公司不符合现金分红条件，从而规避现金分红的情况。

（三）中小投资者应积极参与现金分红决策

股东可以通过查阅上市公司章程及年报信息了解上市公司的利润分配方案等情况。在此基础上，中小股东可以通过三种方式参与现金分红决策相关事宜。一是通过上市公司提供的沟通渠道，如电话、传真、信函、电子邮件、互动平台等方式向上市公司表达现金分红建议。二是如上市公司召开相关说明会，股东可以通过现场、网络等方式参加，就现金分红有关问题与上市公司进行沟通交流。三是通过现场参加股东大会或网络投票方式对现金分红方案进行审议表决。

（四）独立董事需发挥应有作用

根据有关规定，独立董事除需要对现金分红的时机、条件、最低比例等事宜发表意见外，还应对上市公司章程中现金分红政策是否明确、利润分配方案是否符合现金分红政策、是否存在有能力分红但不分红或者分红水平较低等问题作出判断。此外，独立董事可以征集中小股东的意见，充分考虑广大中小股东的诉求，提出分红提案，并直接提交董事会审议，履行法律法规赋予独立董事的职责。

科学合理的现金分红，有助于减少资本投机炒作，培育市场长期投资、价值投资的理念，而现金分红工作的有序推进也需要市场各方共同努力。

案例28　上市公司应告别违规担保

一、背景介绍

投服中心行权工作中发现上市公司违规担保频繁发生，屡禁不止。其中有公司治理不完善、内控制度未能得到有效执行等方面的原因，但违规担保发生后对上市公司是否发生法律效力，上市公司是否应该为违规担保承担责任是决定能否遏制违规担保的重要因素，恰逢最高人民法院就《关于审理公司为他人提供担保纠纷案件适用法律问题的解释》向社会征求意见，其中规定违规担保原则上对公司无效。投服中心借此呼吁上市公司告别违规担保。

二、公开发声内容

上市公司违规担保是指上市公司违反《公司法》或公司章程等规定对外提供担保的行为。由于违规担保严重损害上市公司及广大中小股东的合法权益，因此，一直是中国证监会的行政监管和投服中心行权、维权工作所重点关注的方面，但由于违规担保发生时的隐蔽性、披露的滞后性以及某些司法判例确认违规担保有效所带来的示范效应，使上市公司违规担保时有发生，屡禁不止。近期最高人民法院公布了《关于审理公司为他人提供担保纠纷案件适用法律问题的解释》的征求意见稿，规定违规担保原则上对公司无效。相信随着该司法解释的正式颁布，将彻底解决上市公司违规担保的顽疾。投服中心呼吁上市公司，尤其是上市公司的控股股东、实际控制人关注立法方向，从现在开始杜绝违规担保行为并及时纠正已发生的违规担保，保护广大中小股东合法权益。

(一)上市公司违规担保的形式、特点及危害

经梳理,投服中心发现上市公司已经披露的违规担保中,债权人包括商业银行、小额贷款公司、信托公司、P2P 公司、典当行、融资租赁、商业保理公司、商贸公司、自然人等各类主体。担保方主要是上市公司及其子公司,被担保方大多是上市公司的控股股东、实际控制人等关联方。

1. 违规担保的形式

违规担保基本分两种情况:一种是未经任何内部决策机构批准,实际控制人、董事长或其他有权人士直接指使相关人员在担保合同上加盖上市公司公章;另一种是决策机构的层级不够,主要表现为应该由股东大会审议的担保,仅由董事会决议通过。

2. 违规担保的特点及危害

违规担保具有强烈的隐蔽性,最终披露基本上都是被动公开,而此时危害往往已经发生。违规担保的隐蔽性主要源于明知违规而刻意为之,是"有权人士"施加影响后绕开了公司所有的正常的决策程序,上市公司的信息披露部门多以不知情为由不予披露。近年来,针对商业银行贷款的违规担保已逐渐减少,大多转向了小额贷款公司等非银行金融机构,甚至是民间借贷,担保主体逐渐由上市公司下沉到上市公司的控股子公司,这更加重了违规担保的便利性和隐蔽性。违规担保中债务人一旦未能正常履约,经司法判决后,债务人仍不能清偿债务的,作为担保方的上市公司即可能要履行担保责任,其优质资产及主要账户往往会被查封或者冻结,而连带责任担保中,债权人更是可以跳过债务人直接要求上市公司履行担保义务,直到此时违规担保信息才被迫披露,但对上市公司及广大中小股东权益的损害已经形成,即使上市公司向有关责任主体追偿,其结果也难以预料。

(二)违规担保法律效力分析

违规担保应属无效,但具体司法实践中却不尽然。根据《公司法》第 16 条及《关于规范上市公司对外担保行为的通知》等相关规定,公司提供担保必须经过董事会或者股东大会决议批准,但上述法规并未明文规定未经批准的担保无效。在法律实务中,违规担保往往由公司的实际控制人(如董事长)组织实施且加盖了公司公章,结合纠纷双方的商业合作惯例等案情,出于对善意第三人信赖利益的保护,人民法院可能作出认定担保有效的判决。例如,某省高级人民法院审理的某公

司诉某小额贷款公司借款合同纠纷再审案中认为,《公司法》第16条的规定系为约束公司的行为,属于调整公司内部治理行为的管理性规范,对外不产生约束力,违反该规定对外提供担保的,担保行为有效。以上判决并非个案,类似判例还很多,客观上影响了对违规担保行为的打击。

(三)违规担保效力的立法动向

为正确审理公司为他人提供担保类纠纷案件,根据《公司法》《合同法》《物权法》《担保法》等法律规定,最高人民法院于2018年8月发布了《关于审理公司为他人提供担保纠纷案件适用法律问题的解释》(征求意见稿),预计征求意见后将正式颁布实施。依据该司法解释,未按照《公司法》第16条及公司章程规定程序审批的担保行为对公司无效,即使担保合同上加盖了公司印章或者有法定代表人签章,也推定相对人应该知道该担保行为应该经过公司董事会或者股东大会决议批准,相对人应该对相关决议进行审查。任何人在接受公司担保时,若未能要求对方提供上述批准文件,法律将认定其没有尽到谨慎注意义务,进而认定担保行为无效。

(四)投服中心建议

上市公司违规担保无效即将获得法律上的明确规定。投服中心呼吁上市公司以此为契机,认真开展自查,全面排查上市公司及其子公司有无违规担保行为,同时加强公司印章管理、强化公司内部控制、完善公司治理,杜绝违规担保。对已经发生的违规担保,督促相关责任方及时采取清偿债务、反担保等应对措施,清除违规担保的影响。违规担保给上市公司造成损失的,应依法及时向责任人追偿。广大中小股东也应珍视法律赋予的股东权利,积极参与上市公司治理,共同维护上市公司及股东的合法权益。

三、行权效果

公开发声以后媒体积极转载,新华社内刊也向中心约稿,刊发该文章。投服中心以中国证监会设立的专门从事投资者保护的机构及上市公司股东双重身份在上市公司年报集中披露之前公开发声,对违规担保各方起到提醒警示作用,有利于上市公司完善治理结构。

案例 29　投服中心首次联合股东成功召开＊ST 毅达临时股东大会

一、事 件 概 况

上海中毅达股份有限公司(以下简称＊ST 毅达,股票代码为 600610)相关公告显示,由于＊ST 毅达原控股股东大申集团有限公司(以下简称大申集团)股票质押式回购违约,2018 年 12 月 25 日,上海市第一中级人民法院裁定将大申集团持有的＊ST 毅达 2.6 亿股股票(占＊ST 毅达总股本的 24.27%)交付信达证券股份有限公司(以下简称信达证券)用以抵偿债务,信达证券管理的资管计划"信达兴融 4 号分级集合资产管理计划"成为＊ST 毅达第一大股东,信达证券代为行使股东权利,但信达证券及独立董事均无法联系上市公司及其他董事,无法进行正常信息披露。＊ST 毅达"失联"情况引起市场及投资者关注。2019 年 1 月 18 日,中国证监会上海监管局(以下简称上海证监局)向＊ST 毅达下发监管关注函,要求公司对其在公司治理、信息披露方面存在的问题进行整改。1 月 23 日,上海证监局建议投服中心联合其他股东共同行权,完善公司治理,保护投资者合法权益。

二、案 情 分 析

(一)公司存在多重风险

一是公司治理缺位。＊ST 毅达董事、监事集体"失联",总经理、财务总监等职位空缺,公司治理结构存在重大缺陷。二是公司面临退市风险。＊ST 毅达 2017 年财务会计报告被出具无法表示意见的审计报告,公司被实施退市风险警示,且截至

2019 年 1 月 23 日尚未聘请 2018 年年报审计机构。如果其未能在规定期限内披露 2018 年年报,公司股票可能被暂停上市或终止上市。

(二)第一大股东权利受限

根据《公司法》第 101 条的规定,由于信达证券管理的资管计划于 2018 年 12 月 25 日成为 * ST 毅达的第一大股东,持股期限未达 90 天,无法自行召集和主持股东大会。

三、行权工作开展情况

(一)确定共同行权股东

投服中心在上海证监局的协助下,与 * ST 毅达其他持股 90 天以上的股东取得联系,对行权事项进行沟通,并最终确定共同行权的股东为 * ST 毅达第二大股东西藏一乙资产管理有限公司(以下简称西藏一乙)以及第三大股东倪某。3 名股东合计持股超过了召集临时股东大会 10% 的法定持股比例。

(二)初定行权议案

经协商研究,投服中心联合共同行权股东拟提请 * ST 毅达董事会召开临时股东大会,西藏一乙、倪某提议将《关于选举夜某某先生为公司第七届监事会监事的议案》提交股东大会审议。

(三)依法定程序推进临时股东大会召开

鉴于 * ST 毅达董事会“失联”的情况,投服中心和共同行权股东于 2019 年 1 月 31 日按照法定程序分别采取了通过独立董事发布公司公告、发送电子邮件至公司公开电子邮箱和邮政特快专递寄送原件三种方式,将召开临时股东大会的请求送达 * ST 毅达董事会。公告发出 10 日后,没有得到 * ST 毅达董事会的回应。2 月 15 日,北京市中伦律师事务所对 * ST 毅达董事会收到关于召开临时股东大会的请求后 10 日内未作出反馈事项出具法律意见书。同日,投服中心联合共同行权股东提请 * ST 毅达监事会召开临时股东大会,同样采取上述三种方式将召开临时股东大会的请求送达 * ST 毅达监事会。公告发出 5 日后,没有得到 * ST 毅达监事会的回应。2019 年 2 月 26 日,在北京市中伦律师事务所对前述事项出具法律意见后,投服中心和共同行权股东(以下合称召集人)发出了拟于 2019 年 3 月 14 日召开临时股东大会的通知,并根据《上市公司股东大会规则》,书面通知公司董事会,同时,向上海证监局和上海证券交易所备案。3 月 1 日,召集人收到信达证券关于免去和补选公司董事、监事的临时提案并公告。此后,投服中心积极与上海证券交易所、中国结算上海分公司、上证所信息网络有限公司沟通,有序推进临时股东大会召开所需的各项准备工作。

(四)召开临时股东大会现场会议

3 月 14 日,*ST 毅达 2019 年第一次临时股东大会如期召开,投服中心作为召集人之一出席会议。现场参会股东普遍支持本次会议的召开,关心公司未来发展,积极提问。由于公司并无监事出席,会议由律师和股东代表共同计票、监票,投服中心被推举为股东代表之一参与计票、监票,并由律师针对此计票、监票环节出具法律意见书表明其合法性。会议高票通过全部议案。

四、行权效果

(一)推动了 *ST 毅达公司治理正常化进程

在此次行权前,*ST 毅达公司董事、监事集体失联,致使公司治理机构瘫痪,特别是 2018 年年度审计报告编制工作存在不确定性。临时股东大会的成功召开,一方面,顺利通过了罢免和补选董事、监事的议案,成功组建了新的董事会、监事会,为 *ST 毅达公司治理正常化奠定了基础;另一方面,也对公司 2018 年年报审计工作正常推进起到了推动作用。

(二)充分发挥了持股行权的示范作用

鉴于 *ST 毅达的特殊情况及本次联合行权的重要性,投服中心积极关注投资者对此次行权活动的反应,并对 2019 年 2 月 26 日至 3 月 13 日(股东大会召开前 1 日)的舆情加以监测。从舆情监测的结果来看,约超过 88% 的投资者支持罢免公司原董事、监事并增补新的董事、监事,约超过 77% 的投资者愿意参与本次股东大会投票。从股东大会会议结果来看,本次大会的参会股东及代表人数共 213 人,为该公司上市以来参会人数较多的股东大会。投服中心此次行权,激发了广大投资者参与公司治理的热情,并形成了良好的示范效果。

第二篇

持股行权业务研究

Cases Review of Shareholding for Voting Program

独立董事独立性与法律责任研究[①]

南京市中级人民法院　中国证监会江苏监管局　南京大学课题组

摘　要：针对独立董事制度实施中存在的问题，文章通过实证分析和理论研讨对独立董事进行准确定位，独立董事既没有董事的权力，也没有与董事相同的薪酬，其并非通常意义上的董事，而是专业范围内的监督建议者。为保障其独立性，应由独立的第三方适格机构承担选任及薪酬方面的工作。对独立董事责任的认定应紧紧围绕其义务展开，保障其合法权益。具体到忠实义务层面，独立董事因其独立性一般较少存在违反此义务的情形，因此，重点在于对勤勉义务及其判断标准的界定。主客观相结合的综合性判断标准对于独立董事勤勉义务履行的判断无疑更具合理性与适用性。在独立董事责任承担方面，可借鉴域外有益做法，对独立董事责任进行限免，有利于独立董事作用的有效发挥。

关键词：独立董事　独立性　勤勉义务　责任承担

所谓独立董事（Independent Director），是指不在公司担任除董事外的其他职务，同其所受聘的上市公司及其主要股东不存在实质性利益关系，并能对公司事务作出独立、客观判断的董事。独立董事制度源于美国，我国自 20 世纪 90 年代引入该制度，就该制度在我国的实践来说，独立董事在提高上市公司治理水平、维护中小股东权益等方面起到了积极作用，但独立董事在履职及责任承担方面仍然存在不容忽视的问题。

---

① 本文为中证中小投资者服务中心 2019 年年度课题成果。课题承接方为南京市中级人民法院、中国证监会江苏监管局、南京大学。课题负责人：陈晨、凌峰、曾洋。课题组成员：黄迎淮、黄德清、黄伟峰、夏恬、夏志阳、乔颖、蒋玖珠、金婷、姚婧。

一、实证分析

(一)案例分析

1. 证监会处罚决定

在行政处罚案件中,对独立董事的处罚主要包括警告和罚款这两个方面,罚款数额为3万元到30万元不等。独立董事担责理由一般为,独立董事未勤勉尽责,是上市公司信息披露违法违规行为的其他直接责任人员。

证监会一般以签字与否作为处罚的重要衡量标准:独立董事多次在涉案定期报告的董事会会议上投同意票并签字,没有证据显示其已经尽到了作为上市公司独立董事的监督责任。① 证监会不认可的免责事由包括未获取利益、配合调查;②没有违法违规意愿、无力扭转局势;③未参与、不负责、不知情、任职时间短、已向他人核实;④其他机构或者个人未发现、未指出;⑤不知悉、未参与信息披露违法行为及相关人员隐瞒违法行为;⑥不知悉延期披露年度报告的真实原因、任职时间短、未领取报酬、个人履职对信息披露文件的审议通过无影响;⑦不知悉、未参与虚增利润行为、缺少专业背景而依赖中介机构的判断。⑧

2. 行政案件

在行政案件中,法官的裁判思路一般围绕证监会因独立董事签字而认定其未

① 参见中国证监会行政处罚决定书(潍坊亚星化学股份有限公司、陈某某、曹某某等23名责任人)〔2013〕3号。

② 参见中国证监会行政处罚决定书(中安科股份有限公司、黄某、邱某某等7名责任人员)〔2019〕44号。

③ 参见中国证监会行政处罚决定书(湖南千山制药机械股份有限公司、刘某某、周某某等16名责任人员)〔2019〕35号。

④ 参见中国证监会行政处罚决定书(湖北仰帆控股股份有限公司、钱某某、滕某某等18名责任人员)〔2018〕116号。

⑤ 参见中国证监会行政处罚决定书(金亚科技股份有限公司、周某某、张某某等17名责任人员)〔2018〕10号。

⑥ 参见中国证监会行政处罚决定书(中国高科集团股份有限公司、余某、周某某等13名责任人员)〔2017〕41号。

⑦ 参见中国证监会行政处罚决定书(吉林成城集团股份有限公司、徐某某、黄某某等11名责任人员)〔2017〕24号。

⑧ 参见中国证监会行政处罚决定书(黑龙江北大荒农业股份有限公司、杨某某、白某等16名责任人员)〔2016〕102号。

勤勉尽责并予以处罚这一思路来展开。[①] 不认可的免责事由包括不知情、不具有相关专业背景、“挂名董事”、不参与公司经营、信赖审计报告和法律意见书、无力阻止公司违法行为的发生、监管机关未发现违法行为等。认可的免责事由包括投反对票且将异议记载于相关会议记录；信息披露违法后主动及时向证监会报告；独立董事证明自己已尽到勤勉尽责义务。

3. 民事案件

课题组仅检索到两例民事案件，分别为唐某某与张某、金某某等证券虚假陈述责任纠纷、[②]云南云投生态环境科技股份有限公司与何某葵追偿权纠纷。[③]

在唐某某与张某、金某某等证券虚假陈述责任纠纷案中，关于案涉独立董事是否应当承担因上市公司虚假陈述导致的赔偿责任问题，法院认为，鉴于案涉独立董事已被上海证券交易所、江苏证监局认定为存在未能勤勉履行职责行为，相关独立董事亦未提供证据证明其勤勉尽职，因此，对案涉公司虚假陈述给投资者造成的损失，案涉独立董事应当承担赔偿责任。综合考量案涉独立董事的身份角色、知情程度和主观态度、职责相关性、专业知识背景等因素，案涉独立董事仅存在轻微过失，酌定其在10%范围内承担补充赔偿责任。

在云南云投生态环境科技股份有限公司与何某葵追偿权纠纷案中，关于对虚假陈述行为，作为侵权责任人的独立董事应承担多少责任的问题，法院认为，案涉各连带责任人的责任大小应当根据其在案涉公司证券虚假陈述行为中各自的过错程度和所起的作用大小来确定，案涉独立董事应承担20%的次要责任。

4. 小结

关于独立董事的责任问题，行政处罚是我国实践中追究上市公司独立董事责任采用的最主要方式，独立董事被追究民事责任的案例非常少，被追究刑事责任的案例在公开的裁判文书中没有查询到。目前，我国就独立董事责任的认定存在以

---

① 如(2017)京0102行初274号，法院认为，本案原告作为独立董事，在未披露重大诉讼及重大担保事件的年度报告上签字，应当承担相应的法律责任。(2014)一中行初字第304号中，法院认为，本案原告作为独立董事，在未披露重大诉讼及重大担保事件的年度报告上签字，应当承担相应的法律责任。本案中，四名原告明知鸿基公司在2006年至2009年的年度报告中未如实披露“代持股”问题，却未在2006年至2008年的年度报告中提出异议，证监会认定四名原告未尽监督义务，未勤勉尽责，应当对鸿基公司信息披露违法行为承担责任，并无不当。

② 参见江苏省南京市中级人民法院，(2016)苏01民初539号。

③ 参见云南省高级人民法院，(2017)云民终400号、(2017)云民终401号、(2017)云民终402号、(2017)云民终403号、(2017)云民终404号、(2017)云民终405号。

下两方面问题:第一,重行政处罚,轻民事处罚和刑事处罚。第二,法律层面仅具有原则性规定,未将独立董事的法律责任同其他董事予以区分,独立董事和其他董事的区别仅通过不同的处罚幅度或承担不同的责任份额来体现,实际上缺乏确定的责任认定标准,往往"签字即罚"。

(二)问卷调查

1. 问卷调查基础情况

根据目前独立董事制度在实际操作过程中存在的问题,课题组结合自身的专业判断和预期调研的具体情况,广泛讨论后由南京大学曾洋教授设计了针对独立董事和上市公司的两套调查问卷并由江苏省证监局向江苏省范围内各上市公司以邮件形式发放。本次问卷调查,共计收回 347 份问卷一、953 份问卷二。由于内容较多,本处仅就其中的代表性问题进行梳理。

2. 独立董事的调查问卷分析

关于权利、义务与责任问题,大部分的独立董事认为自己与董事会的其他成员存在不同的职能定位,问责路径和责任承担方式也应当有所区别。当前独立董事制度在权利方面没有将其与董事一视同仁,但在义务和责任方面却趋同,并非公平之举。

关于履职方式问题,仅有 28.44% 的独立董事表示自己仅通过参加董事会的方式履职,71.56% 的独立董事表示在参加董事会之外还有其他方式。董事会之外的履职方式包括实地调研、现场考察、参加股东大会、参加董事会下属的各项委员会、与管理层交流公司经营情况、电话邮件了解等方式。

关于董事会参与次数问题,92.13% 的独立董事每年参加董事会的次数在 5 次以上。

关于角色定位问题,68.21% 的独立董事认为自己担任专业型人才的角色,有 31.79% 的独立董事认为自己是监督型董事,有 26.86% 的比例认为自己是监督建议者,仅有 16.79% 的独立董事认为自己是非执行董事。

关于薪酬问题,96.85% 的独立董事不认为薪酬的支付会影响其独立性。

关于职能问题,50.79% 的独立董事认为自己需要对公司所有的生产经营事项进行监督,10.07% 的独立董事认为自己仅需要监督公司的财务状况和财务报表的真实性。当董事会需要表决的事项出现问题时,63.38% 的独立董事认为只需要提出建议,17.73%的独立董事认为需要对出现的问题自行处理。

关于公司财务报告存疑的解决,当独立董事对公司财务报告有疑问时,大多数的独立董事会要求公司更换会计师事务所重新审核,比例为54.25%;29.49%的独立董事仍然选择让原会计师事务所重新审核;21.30%的独立董事选择自行聘请会计师,其中绝大多数独立董事认为此费用应当由公司承担。

关于责任承担问题,有57.08%的独立董事认为自己与非独立董事承担相同责任不合理,有42.92%的独立董事认为是合理的。

关于勤勉义务的内涵问题,高达95.80%的独立董事认为是认真审议董事会议案并提出建议记录在案。关于独立董事在相关文件上签字的行为,大部分独立董事认为在相关披露文件上签字即表明自己应当对该信息承担真实、完整、准确的责任,但8.92%的独立董事认为签字只是表明自己对该文件的信赖,不能保证该文件的真实、准确与完整。

3.上市公司的调查问卷分析

关于选任问题,首先,上市公司的独立董事大多都是由控股股东提名并经股东大会表决通过,占比高达74.93%;其次,分别是董事长提名并经董事会表决通过,占比为16.14%;最后,董事会提名并经股东大会表决通过,占比为8.93%。不存在实际控制人或董事长直接决定独立董事的情况。

关于角色定位问题,有65.42%的上市公司认为独立董事是专业型人才,有56.77%的上市公司认为独立董事是监督型董事,另有51.01%的比例认为其是监督建议者的身份,仅有19.02%的比例认为独立董事是非执行董事。

关于选任动因问题,上市公司在选择独立董事时主要是基于专业信赖,占比高达90.49%。

关于薪酬问题,独立董事的年度薪酬主要分布在5万~10万元的中间段,占比高达74.64%;10万~20万元的薪酬占比为15.85%;而低于5万元和高于20万元的薪酬占比均较低,分别为6.92%和2.59%。97.12%的上市公司认为,薪酬给付机制并不会影响独立董事履职的独立性。

关于职能问题,67.44%的上市公司认为独立董事应当对公司所有的生产经营管理财务活动进行监督,当发现董事会需要表决的事项存在问题时,59.94%的上市公司认为独立董事只需要提出建议即可,但14.99%的上市公司认为独立董事需要自行处理这些问题,另外 9.22% 的上市公司认为独立董事仅需要监督公司的财务状况和财务报表的真实性。

关于公司财务报告存疑的解决问题,58.21% 的上市公司认为应由独立董事提出并交由原会计师重新审核,38.33% 的上市公司同意另行聘请会计师并为此付费,3.17% 的上市公司认为如果不须另行支付费用就同意此做法,1 家上市公司不同意再次审计。

关于高管责任险问题,86.17% 的上市公司表示愿意为独立董事购买责任险但是尚未购买,8.07% 的上市公司表示不愿意购买,5.76% 的上市公司已经为独立董事购买了相关责任险。

关于责任承担问题,70.61% 的上市公司表示独立董事与非独立董事承担相同的法律责任是合理的。65.13% 的上市公司认为独立董事应当在与其年度薪酬相等的范围内承担责任,16.71% 的上市公司认为独立董事承担其薪酬的 3 倍及以上比例的责任,认为在 1 倍或 2 倍范围内承担责任的比例分别为 5.76% 和 12.39%。

4. 两份问卷交叉数据分析

关于独立董事的身份问题,占比最高的回答均为"专业型人才";占比最低的回答均为"非执行董事"。总体而言,上市公司和独立董事大多都认为独立董事主要是专业型人才的身份,承担着监督上市公司运行管理和提供战略意见的双重职能。

关于独立董事的薪酬支付方式是否会影响独立董事的独立性问题,96.85% 的独立董事和 97.12% 的上市公司均不认为薪酬支付方式会影响独立董事履职的独立性,二者在这方面的回答比较一致。

关于独立董事在上市公司履行哪些职能的,独立董事的最高占比回答为"监督董事会需要表决事项",而上市公司的最高占比回答为"监督公司所有的生产经营管理财务活动"。

关于独立董事与非独立董事承担同等法律责任是否合理的,大多数的独立董事认为这是不合理的,但大多数的上市公司认为这是合理的,且占比回答高达 70.61%。

5. 调查问卷结果分析

(1) 独立董事的独立性

调查问卷显示,目前大部分上市公司的独立董事是由控股股东提名、股东大会表决通过的，选任标准多出于对独立董事的专业信赖和经营管理需要，薪酬直接由上市公司支付，薪酬区间主要分布在5万～10万元。尽管大部分独立董事和上市公司均认为，现行由上市公司向独立董事支付薪酬的方式并不会影响独立董事履职过程的独立性和客观性，但是大多数的上市公司也同意独立董事由第三方机构指定或委派并由第三方支付薪酬。

(2)独立董事的履职方式和范围

调查问卷显示，关于独立董事的功能定位，独立董事和上市公司均认为独立董事同时发挥监督和建议的双重职能。独立董事的履职方式主要是参加董事会，频率为每年5次及以上。在完善独立董事的履职方式和范围方面，上市公司和独立董事认为应规定更加多元化的履职方式并对履职范围予以明确。

(3)独立董事的法律责任

调查问卷显示，大部分独立董事认为自己应当和董事会成员享有同等权利、履行同等义务、承担同等责任，自己和非独立董事承担同等责任不合理。大部分上市公司虽然认为独立董事应当在其薪酬范围内承担责任，却又认为独立董事与非独立董事应承担同等责任是合理的。

(三)座谈会

为切实了解独立董事的运行现状，获取上市公司和独立董事关于独立董事勤勉尽责的履职方式和责任承担的态度，课题组于2019年11月22日专门组织了关于独立董事的多方座谈会。参与座谈的有久吾高科、埃斯顿、苏垦农发、音飞储存、金智科技、红太阳、凤凰股份、洋河股份等8家上市公司的高管和独立董事。

1.座谈会主要内容

在独立董事构成上，目前上市公司的独立董事通常是3名，分别来自会计专业、法律专业和行业专家领域。在选任标准上，大部分上市公司高管表示没有明确的选任机制，通常是与公司有过接触，公司比较信任、熟悉的，在相关领域具备丰富经验和专业能力的人，或者由上一届独立董事推荐，经董事会表决通过。整体上缺乏行业硬性标准，处于一种无序的状态。

大部分上市公司和独立董事均认为独立董事与公司内部的执行董事职责范围不同，独立董事多承担监督建议的职责。目前，上市公司独立董事履职的方式主要有参与董事会决策、实地考察上市公司、重大决策前与公司进行沟通交流、审查公司定期报告、关注公司在资本市场的表现、关注证监会的处罚记录、辅助决策、对公司合规和战略决策发表咨询意见等。

在责任承担上,大部分上市公司均认可,独立董事发挥的功能、享有的薪酬和权利与内部执行董事并不一致,因此责任承担标准和范围也应当有所区分。

为提高独立董事履职的独立性,他们建议在选任机制和薪酬给付方面作出改善:由监管机构如中国证监会、交易所或投服中心设立全国的独立董事名单库,可以先开展试点工作,允许上市公司自由从名单库中抽选抑或自主选择信赖的独立董事。薪酬方面,建议成立公共的基金池统一拨付,切断独立董事与上市公司之间的经济联系,提高其履职的独立性。

在优化独立董事权责统一的方面,首先,需要明确独立董事不应当与内部执行董事承担相同的责任标准和连带责任。其次,对勤勉尽责的认定需要区分程序与实体。最后,在责任标准上,应当以明知的故意为原则。

2. 小结

独立董事多认为自己只应当在专业范围内履行职责,对于非自己专业领域内的部分有权合理信赖第三方,而通过前述案例分析则可发现,监管机构要求独立董事对上市公司所有的信息披露文件、关联交易、担保情况、资金募集情况进行审查并承担相应责任。按照现有规则来解读,监管机构的态度并无不妥,那么问题的根源即在于独立董事自我定位与规则定位存在差别。

(四)独立董事自我定位与规则定位存在落差

1. 立法对独立董事的功能和职责定位

独立董事的相关规定多集中在《关于在上市公司建立独立董事制度的指导意见》中,其他行政法规、部门规章也有零散的关于独立董事职权的细化规定。独立董事的立法定位是特殊董事。例如,该指导意见对独立董事的定位是“具有独立地位、享有特别职权的”董事,最终落脚点在“董事”。因此,独立董事并非与董事会、普通董事并列的概念,而是在董事概念下包含的一个子项。在“董事”这个上位概念的基础上进一步细分为执行董事、独立董事等二级概念。

概言之,立法层面是将独立董事看作董事的一种特殊类型进行规定的,并未严格区分独立董事与普通董事,也未就独立董事的责任标准、问责路径进行特殊设计,而是直接适用普通董事的相关规定。

2. 自我定位与规则定位的差异

通过对立法规定以及问卷的分析,可以直观地发现独立董事制度在实践中出现问题的症结在于,立法和监管机构对独立董事的要求与社会认知产生了差异。立法层面均认为,独立董事是具有独立思想、特殊职权的特别董事,本质上属于董事的一种。因此,无论是在职权界定、履职范围、责任承担方面,对独立董事的要求都是以普通董事为基础,增加一些特别规定。由此产生的执法逻辑就是,首先,独立董事的履职要求首先应当符合普通董事的一般要求,其次,还应当符合独立董事独立发表意见等特别要求。而独立董事和上市公司均认为独立董事是以专业型人才的身份参与公司日常管理的完全外部性的角色,董事会成员并不是他们的身份,仅是他们发挥监督、建议职能的方式。因此,独立董事认为自己只应当在其专业领域范围内发表独立意见、发挥监督作用,对专业领域以外的事项不负有监督义务,亦不应当承担与普通董事相同的法律责任。

3. 小结

独立董事的自我定位与规则定位之间存在落差是导致目前独立董事不服证监会处罚、不愿意承担与普通董事同等信息披露违法责任的症结。面对立法与实践脱节的情况,我们确实需要作出一定的调节。可供选择的方式有两种:一是将美国的独立董事制度完全彻底地引入我国。独立董事制度之所以在我国出现作用有限、定位不清、责任畸重等问题,主要原因是对于美国的借鉴不彻底,只学其一,未学其二。但这种解决方式工作量较大,且对我国目前的独立董事体系会有较大冲击。二是根据我国的国情进行本土化的改造,在立法层面将独立董事从董事会中剥离出来,明确其与内部的执行董事在功能定位、履职方式和责任承担方面的区别。

二、独立董事选任与薪酬

(一)域外经验

1. 独立董事选任

关于独立董事的提名主体,美国的做法是在董事会下设专门的提名委员会,提名委员会成员大多数或全部由独立董事组成,委员会的主席通常由独立董事担任。

在此种模式下,独立董事在很大程度上是由独立董事选举产生的。

在英国,英格兰银行建立了一个提名非执行董事的推荐机构——非执行董事提名委员会,由其促进非执行董事的提名和任命。除此之外,在英美国家,市场上还有专门的中介组织从事独立董事的遴选和推荐工作。例如,英国有一个名叫促进非执行董事举用委员会(Promoting Non-executive Director Committee)的机构负责独立董事的推荐工作。

2. 独立董事薪酬

从国际经验来看,董事的报酬主要包括两个部分:一部分是“出场费”,这是接受董事任职的报酬,与公司业绩无关,也与董事的工作量无关;另一部分是“出马费”,该笔费用虽然不与公司业绩挂钩,但与董事出席会议的次数有关。[①] 除以年薪和会议费的形式获得董事会工作的现金报酬以外,独立董事如果在专业委员会任职,还可以获得委员会的成员费和会议费。不仅如此,一些公司还会给独立董事提供股票期权,让其与公司整体利益相捆绑,同时较少的股票份额使其在不影响独立性的基础上和中小股东处于同一阵营,激励独立董事在履职过程中尽到勤勉义务。

(二)学界观点

学者谭劲松认为,独立董事的独立性是相对的,也是动态的,而且与独立董事的选拔机制、薪酬有关。在选任方面,不应过分关注由谁来选拔独立董事,治本之策在于全力建立一个健全有效开放的独立董事人才市场。在薪酬方面,无论采用何种形式支付报酬,独立董事不能对从公司获得的收入产生依赖。[②] 李建伟教授认为,在独立董事的产生机制方面,相关立法应坚决采用控股股东表决权回避制,才能从根本上保证独立董事真正独立于大股东,从而完成自己肩负的法定职责。[③] 学者蔡元庆提出,严格规定独立董事的任职资格,设置提名委员会规范独立董事的提名、选举和更换程序;由公司薪酬与考核委员会确定薪酬政策与方案,并对独立董事的业绩严格审查和考核,同时通过在公司年报中进行披露的方式增加其透明度。[④] 吴建斌教授认为,应强制推行董事会独立专门委员会制度,为独立董事履行

---

① 参见赵立新、汤欣、邓舸等:《走出困境:独立董事的角色定位、职责与责任》,法律出版社2010年版,第79页。

② 参见谭劲松:《独立董事“独立性”研究》,载《中国工业经济》2003年第10期。

③ 参见李建伟:《论我国独立董事产生机制的重构》,载《法律科学》(西北政法学院学报)2004年第2期。

④ 参见蔡元庆:《独立董事与上市公司的经营监督机制》,载《当代法学》2003年第2期。

职能、发挥实质性作用搭建有效平台。[①] 学者赵金龙、王岗认为,选任程序和报酬是影响和制约我国独立董事独立性的两个因素。对于前者,应由提名委员会进行提名;对于后者,应设立报酬委员会对独立董事的报酬进行统一发放。[②] 顾功耘、罗培新教授认为,薪酬制度既要起到激励作用,又不能使独立董事对公司产生依附感,可考虑以下两种思路:第一,采取固定报酬和其他激励措施相结合的方法;第二,采取固定报酬加年终由股东会决定额外报酬的方法。[③] 学者张鸿认为,应改进独立董事的任免方式,增强其独立性。独立董事只能由股东大会选举产生,这样可以防止控股股东通过董事会操纵独立董事的任免。应由以独立董事为主的提名委员会提名,经股东大会选举产生,控股股东不得参加选举。[④] 学者简新华、石华巍认为,从当前的实际出发,仍然要坚持由上市公司董事会、监事会、单独或者合并持有上市公司已发行股份1%以上的股东提名独立董事。对独立董事薪酬方案的设计要避免"内部人"控制。独立董事的报酬既不能由企业的"内部人"决定,也不能由独立董事自己来决定。可以考虑由证监会作为第三方对企业向独立董事支付报酬作出硬性的规定,报酬由固定收入和可变收入组成。[⑤]

(三)小结

关于独立董事选任,中国上市公司的股权结构较为集中,因此,独立董事要保证其独立性,很重要的一个方面就是独立于控制股东或大股东。目前,国内尚无立法对大股东就独立董事的提名和选任是否进行限制作出规定,理论界观点主要有三种:一是认为应当排除大股东对独立董事的提名权。二是认为不应排除大股东对独立董事的提名、表决权。如果独立董事不是股东提名的,股权决定控制权的定律就被颠覆了。三是认为大股东享有对独立董事的提名权,但在选举相关董事时要回避表决。学界的相关建议以下三种:一是由监管机构(如证监会、交易所、独立董事自律性社团组织等)建立独立董事人才库及诚信档案。上市公司聘任独立董事必须在人才库中选择,监管机构对独立董事的信息进行维护,任何个人和企业都

① 参见吴建斌、陈林淼:《上市公司董事会独立专门委员会实证研究》,载《南大商学评论》2005年第4期。

② 参见赵金龙、王岗:《我国独立董事独立性的两个问题》,载《宁夏社会科学》2008年第6期。

③ 参见顾功耘、罗培新:《论我国建立独立董事制度的几个法律问题》,载《中国法学》2001年第6期。

④ 参见张鸿:《美国和我国香港上市公司的独立董事制度及启示》,载《经济纵横》2001年第1期。

⑤ 参见简新华、石华巍:《独立董事的"独立性悖论"和有效行权的制度设计》,载《中国工业经济》2006年第3期。

可以上网查询。二是建议强制上市公司建立提名委员会，将独立董事候选人的提名权赋予提名委员会。三是由公司公开招聘独立董事候选人，鼓励合格人士参加独立董事竞选。

课题组认为，强制要求上市公司设立提名委员会是可纳入考虑范围内的做法，实践现状为，上市公司一般设立 3 名独立董事，独立董事也仅拥有监督职能，赋予独立董事占多数的提名委员会提名权利并不会导致股权控制权定律被颠覆这种严重的后果。对于大股东应回避表决的观点，课题组认为，在提名委员会把控独立董事提名权的情况下，独立董事的选任已经在一定程度上具备了独立性，正如学者所说，无论对独立董事的选任程序进行多么严格的规定，独立董事与公司这一特定组织之间的联系是不可能被切断的，[①]由股东大会对独立董事选任进行表决是公司治理体系的应有之义，无须过分强调控股股东的回避。当然，也有学者提出由第三方（如证监会、证监会各派出机构、交易所、自律性组织等）建立独立董事人才库，这是另一种可纳入考虑范围内的思路，未来或许可以考虑此种做法，以方便独立董事的遴选和推荐。

在薪酬机制方面，理论观点一般认为应由薪酬委员会或第三方确定独立董事薪酬政策与方案，并进行薪酬发放；在薪酬组成方面，理论观点一般认为应向独立董事提供股票期权，对其进行激励。课题组认为，独立董事有权从上市公司处获得薪酬，而只要独立董事不因从公司处取得薪酬而产生依赖，独立董事就能够保持其独立性。避免前述依赖的解决方法，在于规范薪酬发放的主体及薪酬发放的数额。关于薪酬发放的主体，应由薪酬委员会或第三方承担相关工作；关于薪酬数额，课题组认为，以同行业平均水平作为参考，结合独立董事自身收入水平，使其从上市公司处所获薪酬在其全年总收入中占据合理比例，将在很大程度上避免独立董事对上市公司产生物质依赖情形的产生。要避免独立董事履职动力不足情况的产生，可以在薪酬设计上对独立董事给予适当激励，如规定独立董事薪酬不局限于固定收入，根据其职权范围内事项参与及监督情况的履职评估对其发放相应额外收入，此种由固定收入加可变收入的形式将有效避免独立董事因薪酬产生的消极履职或不独立履职情况。

---

① 参见朱慈蕴、金明义：《评我国独立董事之引进》，载《浙江社会科学》2002 年第 4 期。

总的来说,为保障独立董事的履职独立性,在独立董事选任和薪酬方面,可以考虑借鉴强制设立完全由独立董事组成的提名委员会及薪酬委员会承担独立董事选任和薪酬两方面的工作;还可以考虑引入第三方,对独立董事选任及薪酬问题进行把控。结合我国实际情况,改变独立董事的选任机制,由独立的第三方适格机构承担相关功能并承担相应薪酬和工作费用,应能使独立董事在履职方面无后顾之忧。该第三方机构应符合的条件可另行研究,但基于我国上市公司股权的特征,该机构应以"为中小投资者服务"为核心功能。

三、独立董事职权及义务范围

(一)域外经验

1. 独立董事职权

关于独立董事的职权,除了出席董事会并在董事会上行使表决权、报酬和费用请求权、知情权等一般权利,独立董事拥有对与公司利益相冲突的事项作出决定的权利,如重大事项的决策权、报酬和财务监督权等。独立董事的特殊职权主要集中在与关联交易和股东权利行使相关的领域。这些特殊职权的赋予,其基本出发点是确保董事会考虑所有股东的权益,而非某一部分或某一团体的利益,且职权本身多为决定权。

独立董事在参与公司治理时除以一名董事的身份参加董事会以外,更多的 参与方式体现为在公司董事会下设的各种专门委员会中充当重要的角色。主要包括审计委员会、薪酬委员会、提名委员会、公司治理委员会。

综上所述,美国独立董事的功能主要定位在于监督,即对公司的财务监督以及对内部董事和高层管理人员职务行为的监督。

2. 独立董事义务

关于董事的注意义务,美国《标准商事公司法》[①]第8.30条规定,董事在履行董事义务时应:(1)善意,采用有合理的理由相信是符合公司最大利益的方式履行义务;(2)谨慎履行其义务,其谨慎程度就像一个平常人在类似的情形下合理地认为

① 参见《最新美国标准公司法》(2006年最新版),沈四宝编译,法律出版社2006年版,第101~102页。

是适当地履行义务。此外,董事在履职时如果拥有了可靠的信息资料,则有权信赖下列人员提供的信息:(1)公司高级职员或雇员;(2)法律顾问、正式会计或其他公司聘用的具有专长和技能的人;(3)董事会委员会。只要独立董事的行为符合上述标准,即可以认为该董事已履行了相应的注意义务,独立董事可以不对公司或股东承担责任。

(二)理论研讨

1. 独立董事角色定位

学界很少对独立董事职权范围进行具体界定,往往围绕独立董事角色定位进行探讨,关注独立董事角色定位这一问题对于独立董事职权范围的界定显然有很大帮助。

在理论研究上,学者多将独立董事定位为监督者,认为独立董事主要角色为监督者。[①] 独立董事是公司事务的兼职参与者,其主要职责在于监督。[②] 独立董事属于公司董事会的一员,其扮演监督者角色,代表公司的重要股东督促执行董事在公司经营中忠于公司利益,进而保障股东利益。[③] 独立董事对于公司的发展战略具有表决权,但这种表决权的行使更多体现的还是独立董事的监督职能。与独立董事不同,执行董事需要承担战略决策和执行的职能,除参与决策外,执行董事还负责公司的日常运行和相关战略的执行。[④] 如果在监督职能之外,让独立董事也承担起过多公司战略执行的职能,将在很大程度上分散独立董事的精力,影响监督职能的实现。

2. 独立董事义务

(1)忠实义务

忠实义务,是指公司负责人为公司执行职务应当竭尽忠诚,必须为公司的最佳利益和适当的目的行事,不得将个人利益放在与该公司利益冲突的位置上。忠实义务包括对董事自我交易的禁止,对利用或篡夺公司机会的禁止和竞业禁止的

---

① See Yaron Nili, "Out of Sight Out of Mind, the Case for Improving Director Independence Disclosure", *Journal of Corporation Law*, 2017.

② See Roberta S. Karmel, "Is the Independent Director Model Broken?", *Seattle University Law Review*, 2014.

③ 参见谢玲丽、张钧:《中国移植独立董事制度反思》,载《中国律师》2010 年第 8 期。

④ 参见李建伟:《独立董事制度研究:从法学与管理学的双重角度》,中国人民大学出版社 2004 年版,第 210 页。

义务。

对于独立董事的忠实义务，学者认为既不能一味要求独立董事像内部董事和经理那样严格履行，也不宜对此不作任何要求。具体来说，独立董事负有不损害公司利益的概括性义务，但不负有其他与公司业务执行有关的具体义务。[①] 对独立董事竞业禁止和自我交易的限制应当放宽，因为独立董事不能左右公司的经营决策，只要独立董事符合“善意”标准即可认定其履行了忠实义务。[②]

(2)勤勉义务

勤勉义务，是指董监高应当谨慎、认真地行使公司所赋予的权利，在行使权利或履行义务时，以一个合理谨慎的人在相似情形下所应表现的谨慎、勤勉和技能为其所应为的行为。如果其履行职务没有达到合理的谨慎的程度，则应当对公司承担法律责任。

综观各国司法实践，违反勤勉义务的判断标准大致有主观标准、客观标准、主客观标准相结合三种。主观标准，是指董事在行为时应达到其拥有的知识和经验所应达到的勤勉程度。此种标准强调特定个人所具有的知识和经验。客观标准，是指其他董事在同样或类似情形下能够达到的勤勉程度，在此种标准下，董事必须达到客观的专业标准。主客观相结合的标准主要体现在英美法中，该标准是指将客观标准刚性化，使其成为董事履职的最低标准，即作为一名董事必须具有从事这一职位通常的、一般的知识、经验和技能；另外，主观标准在高于客观标准时被适用，且只适用于那些具有某种专业资格的董事，以他们所具有的特定知识和经验来衡量其是否履行了勤勉义务。

在理论学说层面，学者方昀提出了抽象的主客观标准与具体的行为标准相结合的复合标准，其中抽象标准是指，董事应当善意地、合理地相信其行为符合公司的最大利益，客观上，其履行职责时的注意程度应当达到处于类似公司、类似职位上的普通谨慎之人在类似情形下所应当尽到的注意水平；主观上，如果能够证明董事的能力超过前述水平，则应当以其实际拥有的能力进行衡量。[③] 学者赵树

---

① 参见吴建斌：《试论上市公司独立董事的责任及其限制》，载《南京大学学报》(哲学、人文科学、社会科学版)2006 年第 3 期。

② 参见刘扬鹏：《我国独立董事民事责任法律制度检讨》，载《中国政法大学学报》2011 年第 3 期。

③ 参见方昀、熊贤忠：《公司治理中董事注意义务之判断标准探析》，载《江西社会科学》2010 年第 5 期。

文也认为应从主客观两个方面加以规制,主观方面应引入经营判断规则作为判断标准,在客观方面应当以普通谨慎的董事在同类公司、同类职务、同类相关情形中所应具有的注意、知识和经验程度作为衡量标准。此外,还需要对客观标准加以专业化与具体化,如决策前是否进行了必要的调查、分析与研究,是否适时出席董事会,是否履行了应有的监督义务,是否及时披露公司经营信息与财务信息等。①

对于独立董事的勤勉义务,顾功耘教授和罗培新教授认为,鉴于独立董事具有独立性、专业性、利益不相关性和非常勤性等特殊之处,很难要求其与执行董事尽相同的勤勉义务。相对执行董事的专职性,独立董事具备外部性与兼职性,故判断其是否履行勤勉义务的标准相比执行董事应当有所降低。② 马一德教授也指出,过于严苛的标准对于外部董事而言是不公平的,对于不具有某种专业资格和经验的非执行董事,如"外部董事、挂名董事以及职工董事等",应尽量适用主观标准,即只要该董事主观上尽了自己最大努力,就被视为履行了合理的注意义务。③ 学者陈霄认为,应以客观标准为基础,并兼顾经营者个人的专业才能。④ 与之相似,刘俊海教授认为,应以普通谨慎的独立董事在同类公司、同类职务、同类相关情形中所应具有的注意、知识和经验程度作为独立董事是否履行注意义务的衡量标准;但如果独立董事的知识经验和资格明显高于此种客观标准,则应当以该董事是否诚实地贡献了他实际拥有的全部能力作为衡量标准。⑤ 而学者王静认为,当独立董事与公司业务背景一致时,应以客观性标准为主,主观性标准为辅。即独立董事应以一个具有同样专业资格、经验、学识的董事,在同种类公司中履行相类似的职务,在相同或相似的情况下所应有的勤勉程度和关注程度作为衡量标准。而当独立董事的专业资格与公司的业务背景不一致时,采用主观性标准。即只有在该独立董事尽了自己最大努力时,才被认为是履行了勤勉义务。⑥

① 参见赵树文:《董事信义义务的立法与修正》,载《理论探索》2012年第1期。

② 参见顾功耘、罗培新:《论我国建立独立董事制度的几个法律问题》,载《中国法学》2001年第6期。

③ 参见马一德:《公司治理与董事勤勉义务的联结机制》,载《法学评论》2013年第6期。

④ 参见陈霄:《论经营判断规则在我国的引入及相关问题》,载《财经法学》2015年第4期。

⑤ 参见刘俊海:《现代公司法》,法律出版社2011年版,第646页。

⑥ 参见王静、肖尤丹:《论公司董事勤勉义务的判断标准》,载《辽宁大学学报》2007年第5期。

（三）小结

1. 独立董事职权范围

通过对学界观点的梳理及实证研究发现，独立董事不同于内部董事，所谓内部董事，是指其同时也在公司担任行政职务的董事，而外部董事是指除董事的职务之外不在公司担任任何其他行政职务的董事。在现代公司治理结构中，董事会的功能包括了决策与监督，公司内部董事而言直接参与了公司具体的经营行为，而独立董事作为外部董事，尽管相关立法赋予独立董事享有内部董事所享有的全部权力，甚至还规定了独立董事享有内部董事所未曾享有的一些特殊职权，①但独立董事的主要职责在于监督而非管理公司事务，这也与现阶段我国独立董事群体的履职现状相吻合。独立董事一般不参与公司的日常经营管理，扮演的是一种独立的监督监控角色。

综上所述，课题组认为，独立董事的角色定位应为专业范围内的监督建议者，其职权范围自然应按照此种角色定位展开。独立董事职权主要通过参加董事会会议对相关议案进行审议的方式对上市公司的重大决策提供独立意见来展开。

2. 独立董事义务范围

在忠实义务方面，实际上，由于独立董事在履职过程中应当保持其独立性，因此，出现独立董事与公司利益冲突的情况并不多见，也就较少存在其违反忠实义务的情况。不过，如果独立董事存在从某交易中获得私人利益的情形，则应根据其是否遵守程序上的有关规定判断其主观状态，进而确认独立董事是否违反忠实义务。独立董事违反忠实义务时，原则上不能通过公司章程或董事责任保险免除其责任。

在勤勉义务方面，对前述关于董事及独立董事勤勉义务的讨论进行类型化分析，可以将独立董事的勤勉义务简单区分为程序性义务和实体性义务，实体性义务包括知情义务、经营判断义务和监督义务。程序性义务不涉及独立董事的专业判断，只要独立董事从事了相应行为，即被认为履行了义务。知情义务履行的判断可以从独立董事是否经常参加公司会议、索取与公司日常运行有关的资料、对公司的基本事务进行询问和讨论等方面进行考察。实际上对此问题的判断，工作时间是一个比较容易衡量的指标，但各国对此并无统一标准。经营判断义务与程序性义

① 详见《关于在上市公司建立独立董事制度的指导意见》第5条、第6条。

务和知情义务相比，无疑处于更为重要的位置。经营判断规则最初由美国判例法确立，在此规则下，其一，在履行职责时，独立董事只要主观上具有促进公司利益最大化的善意，客观上遵循勤勉谨慎的行为准则，即使未能实际达到同行业内部董事所应具有的一般能力水平，亦不构成勤勉义务的违反，专业背景局限所导致的责任风险性由此即可大为降低。其二，对于信息不对称问题，经营判断规则允许独立董事要求董事会及高管提供相关信息及委托中介机构出具独立意见，除非未达到其自身的专业技能标准，否则在善意信赖此等信息基础上所作的决策判断均可以免于问责。监督义务履行的客观判断标准在于，独立董事是否曾对违法或违章的董事会会议决议提出异议。在对他人提供信息的信赖方面，独立董事的信赖必须是合理和善意的，且建立在董事对于相关信息或建议进行独立判断的基础上。[①] 在专家意见方面，如果独立董事本身就是某方面的专家，则其对于专家意见的合理信赖程度应适当降低。

四、独立董事责任的具体界定

独立董事在违反其应负的忠实义务、勤勉义务的情况下将不可避免地承担相应法律责任。例如，在证券虚假陈述领域，新《证券法》第 85 条规定董事对虚假陈述导致的损失承担连带赔偿责任，但是能够证明自己都没有过错的除外。董事对虚假陈述行为承担的是过错责任，归责原则适用的是过错推定原则，当董事能够证明对虚假陈述行为无过错时，可以免责。在实践中，如果机械适用新《证券法》第 85 条、《最高人民法院关于审理证券市场因虚假陈述引发的民事赔偿案件的若干规定》第 21 条规定于独立董事，无疑会无限增加独立董事的法律风险，造成权利与责任严重不相适应的不公平后果。

因此，在判断独立董事法律责任时，还是应当围绕独立董事的职能定位展开。在通常情况下，对独立董事是否构成“职务懈怠”的判定，就需要考虑实际情况进行合理认定，主要应依赖裁判者进行具体情况具体分析，具体可以考虑以下因素：

① 参见黄辉：《澳大利亚董事义务制度研究》，载王保树主编：《商事法论集》（第 11 卷），法律出版社 2006 年版，第 157 页。

(1)信息。经调查表明,独立董事获取信息的最主要渠道还是作为监督对象之一的公司管理层,这就引申出独立董事对管理层提供的信息是否享有合理信赖权问题。对此有两种观点:一种认为在不存在可疑的根据时,独立董事有权依赖和信赖公司管理层等相关人士为他提供的信息和所作的陈述。另一种观点认为,独立董事不应轻信公司管理层所提供的信息和陈述,对信息的真实性应进行主动的调查和核实。课题组更赞同第一种观点,即独立董事应受到合理信赖权的保护。基于对独立董事职能定位、工作时间与信息获取的先天性不足的考虑,期待其对任职公司经营信息作全方位的把握是不现实的,独立董事享有合理的信赖权。(2)知识。法律对勤勉义务的设定不是统一的,会随主体生理机能、智识水平的不同而存在差异。对独立董事是否尽勤勉义务的审查标准的把握亦应遵循此规律。如果独立董事的履行职责行为明显背离了其所属领域的通常标准,就应当认定为其未尽到调查核实义务,应承担相应的法律责任。(3)投入的精力和时间。当前,独立董事职业只是一个“副业”,客观上决定了其不可能投入与内部董事同等的时间和精力到公司事务中,对其是否尽到勤勉义务的审查标准亦应当然低于公司内部董事,并与其在兼职状态下可能投入的时间和精力相匹配。

在独立董事具体责任性质和范围界定上,亦应当对新《证券法》第 85 条、《最高人民法院关于审理证券市场因虚假陈述引发的民事赔偿案件的若干规定》第 21 条规定进行反思。上市公司负有责任的董事应对投资者因虚假陈述行为所造成的损失承担连带责任,这种不区分董事类别而统一以连带责任为赔偿范围的规定,诚然为投资者获得更为充分的补偿提供了保障,但从责任承担方角度考量,独立董事对公司的虚假陈述行为承担连带责任并不具有法理上的基础,也与其在虚假陈述行为中的过错程度不匹配。对独立董事而言,因其在公司治理中主要起监督作用,一般不参与公司的日常经营管理,不会主动参与公司的信息造假行为,对其过错的认定一般是未尽到对公司信息的调查核实义务,应按其过错大小承担相应的按份责任。

从域外法规定来看,为打消独立董事的从业顾虑,降低独立董事因害怕承担巨额赔偿不愿就职的压力,不少国家均有对独立董事责任限制保护的立法规定及相关机制设计。在独立董事制度的发源地美国,虽然就独立董事的责任是否不同于其他董事的问题尚未形成统一规则,但根据判例法规则,外部独立董事的责任要小于内部董事。[1] 日本近年来在推进公司法现代化过程中,针对不同类型的公司,拟定了不同的治理结构,在总体上减轻董事等公司高级管理人员责任的基础上,对独立董事的责任设定了特别的限制。日本《股份有限公司法》规定,董事怠于履行其职责的,对该股份有限公司承担损害赔偿责任,但假如董事履行职责善意且无重大过失,可经股东大会或董事会决议,以董事从其任职公司获取的一定年度平均薪酬、津贴的总额为限承担责任,超出此数部分可以免责,其中,独立董事承担责任的额度为其 2 年的总收入。

从我国实践现状来看,如果对独立董事的责任不加以限制,而径行依照新《证券法》第 85 条等规定追究独立董事的连带责任,会使独立董事承担的风险与从该职务中所获收益之间显著失衡,独立董事自然会选择"用脚投票"不再从事该工作,长此以往,会使我国的独立董事制度建设因缺乏必要的人力资源而越发枯竭。因此,可以借鉴域外做法,对独立董事的责任进行限制保护。

结　　语

客观地看,当前独立董事及上市公司相关人士对独立董事独立性及责任承担方式出现了较大范围的争议,独立董事的自我定位乃至社会认知与规则定位、监管定位及法律认知出现了较大的差异,本课题研究建议结合我国实际,考虑以当前社会认知为基础修补现行独立董事制度,厘清独立董事的权利、义务及相应责任的范围并明确履职程序,采用这种模式可能较为便捷;而另一种模式显然是以独立董事完全等同公司董事的理念进行制度修改,比如,建立完全由独立董事组成的审计、提名、薪酬及公司治理委员会,确定其义务内容、责任范围及责任限制,这需要大刀阔斧的改革,但这在我国当前上市公司大股东及控股股东普遍强势的背景下,准确发挥制度效用的难度也许更大。当前的独立董事制度问题重重,如何完善该项制度,使其更有效地发挥独立董事制度在公司治理活动中的作用,需要认真谨慎的抉择。

---

① 参见吴建斌:《试论上市公司独立董事的责任及其限制》,载《南京大学学报》(哲学、人文科学、社会科学版)2006 年第 3 期。

重大资产重组中的中小投资者保护研究[①]

中国证监会辽宁监管局　辽宁证券业协会课题组

摘　要:研究报告发现"三高"屡见、业绩补偿承诺不兑现比例持续扩大、商誉减值冲击上市公司重组后业绩等异象,认为从动机上来看,无论是利益输送驱动、市值管理驱动、盈余驱动,或是非理性驱动,其实质都是对价值创造这一商业逻辑不同形式的偏离,这使上市公司在重组动意形成之初便可能面临较大的重组失败或后续绩效不佳的概率。从行为方式来看,不公允资产定价导致上市公司资产的外流,并可能会对上市公司未来主营收益带来次生损害,而基础资产信息不实和资产评估不规范导致了重组估值泡沫的形成;不合理支付安排危及上市公司流动性,未披露表外融资或误导投资者交易判断;内幕交易与市场操纵等不公平交易对中小投资者的公平交易权构成损害。从环境因素来看,内部治理、中介约束、法律规制这些中小投资者保护机制存在一定程度的失灵,这给重组相关方侵害中小投资者权益提供了可能。

关键词:重大资产重组　中小投资者　权益保护　业绩承诺　商誉减值

回顾我国上市公司重大资产重组的发展历程,两条主线贯穿始终:一是深化改革,二是保护投资者。淡化管制的市场化改革红利释放了上市公司重大资产重组的市场活力,刺激了市场实践的发展和交易规模的快速增长,根据 Wind 数据库的数据,截至 2018 年年底,交易金额和次数相比 2010 年分别增长了 13 倍和 34 倍。

---

① 本文为中证中小投资者服务中心2019年年度课题成果。课题承接方为中国证监会辽宁监管局、辽宁证券业协会;课题负责人为柳磊、张光荣、王秀英;课题参与人:胡可果、金萍、赵玉、刘爽爽、周聪、李鹏、郝勇博、王玲珑、马强、李龙弟、史璐璐。

重大资产重组领域的改革必须以健康可持续的方式推进,这就要求通过有效规制来解决资本市场的源头性问题,即保护投资者(尤其是中小投资者)的合法权益。

一、上市公司重大资产重组中的中小投资者保护相关概念界定及必要性分析

(一)重大资产重组的概念界定

上市公司重大资产重组并不是严格意义上的经典法律概念,而更多的是一种资本市场监管领域的概念创造。在我国,《上市公司重大资产重组管理办法》(以下简称《重组办法》)对重大资产重组作出如下描述,即本办法适用于上市公司及其控股或者控制的公司在日常经营活动之外购买、出售资产或者通过其他方式进行资产交易达到规定的比例,导致上市公司的主营业务、资产、收入发生重大变化的资产交易行为(以下简称重大资产重组)。[①] 本文将采用《重组办法》中关于"重大资产重组"的这一界定方式。我国上市公司重大资产重组根据交易主体、交易目的、交易对象、支付方式等的不同,在实践中主要分为收购兼并、剥离资产或出售子公司股权、资产置换、重组上市、分拆分立、合并等形式。[②]

(二)重大资产重组对中小投资者权益的影响

中小投资者权益,[③]是指中小投资者依照法律所应享有的权利及其所带来的收益。其总体上可分为股东的权益和交易者的权益,通常包括知情权、收益权、参与决策权、公平交易权等。上市公司重大资产重组对上述权益的影响主要如下。

1. 知情权

重大资产重组会带来资产、业务、业绩等重大变化,还会涉及重要资产估值和

---

① 《重组办法》第12条则规定了交易规模的指标类别及比例,即占公司资产总额、营业收入或净资产达50%及以上,构成重大资产重组。

② 需要说明的是,重大资产重组一般涉及上市公司业务、资产的重大变化,而收购通常涉及上市公司股东层面的重大变化,如上市公司控股权转让、要约收购等。在实践中,重大资产重组和收购两类行为交织,可能同时触及,应同时遵循收购和重组的监管规则,此外,上市公司再融资如非公开发行股票、增发、配股、发行可转债、发行公司债等单纯融资行为,也可能涉及公司资产或业务的变化,因与重大资产重组存在不同的逻辑,在规制上也有很大的不同,因此,本报告对此也未作深入研究。

③ 权利属法律概念,权益既是法律概念也是会计概念。权益是权利和利益的结合体,指公民受法律保护的权利和利益。参见刘日创:《中小投资者合法权益的构成与保护实施》,证监会内部报告。

定价。信息披露如不能真实、准确、完整、及时,中小投资者将难以获得参与重组决策和作出交易决定的必要信息基础。在实践中,部分控股股东等内部人存在利用信息优势或通过主导形成和披露虚假信息等方式,侵害中小投资者权益的情况。

2. 参与权

重大资产重组是导致公司资产重新配置的重大资本运作行为,其往往需要通过股东大会表决才能通过。我国上市公司股权比较集中、中小投资者比较分散的现状导致部分控股股东通过滥用股东会"资本多数决定"原则操纵重组议案通过,而中小投资者很难对不利于其利益的重组议案加以制止。

3. 收益权

一些上市公司在重大资产重组中"追热点""炒概念""讲故事"等方式影响股价非理性运行。同时,重大资产重组中的"高估值、高商誉、高业绩承诺"可能导致业绩承诺不能兑现,补偿不到位,以及高商誉可能面临持续减值,侵蚀上市公司的资产质量和盈利能力,这些都可能影响中小投资者收益权。

4. 公平交易权

公平交易权,是指投资者作为证券交易的参与人,享有平等的交易机会与交易条件,公平地获取证券信息,平等地受到法律保护。上市公司重大资产重组过程中,内幕交易和市场操纵行为多发,其都是对中小投资者公平交易权的损害。

(三)重大资产重组中的中小投资者保护的意义

1. 交易特征的必然要求

上市公司重大资产重组具有四重特征,即交易标的的复杂性、交易规模的重大性、股价影响的重大性和交易影响深远性。重大资产重组的上述特征对中小投资者短期和长期权益都将产生重大影响,因此,必须强化重大资产重组过程中对中小投资者的保护。

2. 发展阶段的迫切需要

当前,我国资本市场"四个不"[①]阶段性特征尚存,在重大资产重组方面体现为

① "四个不"系指不成熟的投资者、不完备的基础制度、不完善的市场体系和不适应的监管制度。出自中国证监会副主席阎庆民在第十届财新峰会上的讲话——《全面深化资本市场改革持续推动提高上市公司质量》,载中国证监会官网:http://www.csrc.gov.cn/pub/newsite/zjhxwfb/xwdd/201911/t20191115_366091.html,最后访问日期:2019 年 12 月 15 日。

如下特点:股票高估值刺激重组冲动,并易伴生估值虚高情况;股权高度集中会影响中小投资者在重大资产重组议案中的实际参与效果;市场主体不成熟,上市公司内部约束、相关主体间市场约束效果有待提升,中小投资者的投资能力与风险承受力较弱。这些阶段性特征都要求进一步强化对重大资产重组中中小投资者的保护。

3. 市场秩序的基本保障

中小投资者是资本市场的根本。从经济属性来看,投融双方信息不对称这一资本市场的内生缺陷,决定了只有保护投资者权益方能防止市场机制扭曲。从社会属性来看,市场自身解决不了公平、公正的问题,只有对处于弱势的中小投资者予以保护倾斜,才能维护投融双方共赢这一市场健康运行基础。从政治属性来看,我国的资本市场必然具有也必须坚持人民性,只有保护中小投资者权益,才能确保市场的正确发展方向。

二、我国上市公司重大资产重组实践与异象:多剖面分析

30 年来,我国上市公司重大资产重组市场化、法治化改革成绩斐然,商业逻辑主导、产业逻辑驱动已成为重组实践的主流。与此同时,一些不合法、不合理、不诚信的情况仍在一定程度上存在。本部分将从标的资产、业绩承诺、商誉情况、重组上市等多个维度透析重组实践,坚持问题风险导向,力求锁定重组中需要关注的现象和问题。

(一)重组标的的剖面分析

1. 部分标的估值过高

Wind 数据库的数据显示,2016 ~ 2018 年的 3 年,标的市盈率超过 100% 的重大资产重组分别为 49 次、20 次和 15 次,无论从绝对值还是从相对值上来看都不可忽视。3 年间,每年都不乏市盈过千的重组标的出现,估值合理性问题值得关注。

2. 多元重组成功率低

根据 Wind 数据库的数据,2016 ~ 2018 年以多元化战略和业务转型为目的的重大资产重组数量分别为 108 件、101 件和 37 件,其中失败比例达 56.48%、33.66% 和 48.65%,显著高于非跨行业重大资产重组。

（二）基于重组相关方业绩承诺的剖面分析

1. 承诺数量规模双升

来自中国证监会网站和交易所网站的相关统计数据显示，自2010年以来中国资本市场重大资产重组中的业绩承诺数量和金额持续提升，数量从16项增至2018年的307项，承诺金额由不足60亿元增至近1700亿元。

2. 高承诺支撑高估值

2010年以来，重大资产重组附有业绩承诺补偿情况在收益法、基础法和市场法中均有出现，但较为集中出现在收益法。这与收益法以盈利预测作为估值基础有关。从市场实践情况来看，以2018年为例，高估值评估项目往往是采取收益法评估且伴有高业绩承诺。

3. 不履行率逐年上升

2010年以来，业绩承诺未完成的数量与比例持续攀升。2018年未实现盈利承诺的为125宗，占比约41%。此外，随着年份的增长，业绩承诺的完成情况逐年下降，在2018年存续的业绩承诺中，涉及的1年、2年、3年、4年及以上的业绩承诺完成率分别为96.1%、58.3%、53.8%及31.7%。

（三）基于重组商誉的剖面分析

1. 商誉规模持续上升

随着第三方重组的增加，确认商誉的上市公司数量和商誉规模不断增加。2019年上半年，拥有商誉的上市公司数量达到2102家，占上市公司总数比重达到56.93%，这一比重在2010年仅为36.84%。在这一期间，商誉总额由近0.1万亿元增长至近1.37万亿元（见表2－1）。

表2－1　2010～2019年上半年A股上市公司商誉情况

时间	拥有商誉上市公司数量（家）	上市公司数量（家）	拥有商誉上市公司占比（%）	商誉总额（亿元）	净资产总额（亿元）	商誉占净资产比重（%）
2010年	752	2041	36.84	992.59	129,803.83	0.76
2011年	923	2320	39.78	1415.99	154,721.60	0.92
2012年	1088	2472	44.01	1690.50	177,954.19	0.95
2013年	1222	2468	49.51	2153.72	199,680.74	1.08
2014年	1368	2592	52.78	3343.69	234,470.92	1.43

续表

时间	拥有商誉上市公司数量(家)	上市公司数量(家)	拥有商誉上市公司占比(%)	商誉总额(亿元)	净资产总额(亿元)	商誉占净资产比重(%)
2015 年	1591	2808	56.66	6551.95	279,304.38	2.35
2016 年	1769	3034	58.31	10,545.60	323,089.04	3.26
2017 年	1904	3464	54.97	13,053.41	364,974.12	3.58
2018 年	2043	3568	57.26	13,098.44	401,278.11	3.26
2019 年上半年	2102	3692	56.93	13,665.03	419,458.23	3.26

资料来源:根据 Wind 数据整理而成。

2. 商誉分布差异明显

从板块分布来看,中小板、创业板中拥有商誉上市公司的数量占比都已超过 60%,显著高于主板(见表 2-2)。从行业来看,制造业、信息传输、软件和信息技术服务业等行业中拥有商誉上市公司数量及商誉规模位居前列(见表 2-3)。

表 2-2 2018 年 A 股上市公司商誉板块分布

板块	拥有商誉上市公司数量(家)	占板块上市公司总数比重(%)	占拥有商誉上市公司总数比重(%)	商誉总额(亿元)	占商誉总额比重(%)
主板	970	50.87	47.48	7586.30	57.92
中小板	585	63.45	28.63	3218.24	24.57
创业板	488	66.04	23.89	2293.90	17.51

资料来源:根据 Wind 数据整理而成。

表 2-3 2018 年 A 股上市公司商誉行业分布

排序	行业	拥有商誉上市公司数量(家)	占拥有商誉上市公司数量比重(%)	商誉总额(亿元)	占商誉总额比重(%)
1	制造业	1217	59.39	6217.83	47.45
2	信息传输、软件和信息技术服务业	206	10.05	1581.50	12.07
3	批发和零售业	97	4.73	1015.00	7.75
4	房地产业	62	3.03	265.15	2.02
5	电力、热力、燃气及水生产和供应业	61	2.98	309.99	2.37
6	建筑业	61	2.98	243.70	1.86

资料来源:根据 Wind 数据整理而成。

3. 商誉减值逐年上升

2010 年商誉减值金额不到 13 亿元，2018 年减值金额达到了 2010 年的 130 倍。其间，商誉减值占商誉总额的比重从 1.29% 上升到 12.71%，占净利润比重从 0.07% 上升到 4.44%（见表 2－4）。在确认商誉减值的公司中，绝大多数公司的减值对当期净利润的影响低于 50%，但少数公司集中大额计提商誉减值严重影响当期利润，甚至造成了亏损。

表 2－4　2010～2019 年上半年 A 股上市公司商誉减值和抗风险能力

时间	商誉总额（亿元）	商誉减值总额（亿元）	商誉减值占商誉总额比重（%）	净利润总额（亿元）	商誉减值占净利润比重（%）
2010 年	992.59	12.77	1.29	18,950.33	0.07
2011 年	1415.99	13.22	0.93	21,921.96	0.06
2012 年	1690.50	10.48	0.62	22,429.50	0.05
2013 年	2153.72	16.82	0.78	25,803.67	0.07
2014 年	3343.69	26.33	0.79	28,001.27	0.09
2015 年	6551.95	87.85	1.34	29,097.11	0.30
2016 年	10,545.60	149.18	1.41	31,510.20	0.47
2017 年	13,053.41	368.20	2.82	37,438.42	0.98
2018 年	13,098.44	1665.42	12.71	37,482.96	4.44
2019 年上半年	13,665.03	14.95	0.11	23,327.21	0.06

资料来源：根据 Wind 数据整理而成。

（四）基于重组上市的剖面分析

1. 年均交易规模不断增大

2010～2018 年，除 2010 年的巨额借壳个案大幅拉高该年交易金额均值外，其间年均重组上市交易金额呈不断上升之势（见图 2－1）。2011～2019 年上半年已完成的重组上市中，借壳方属于新兴产业的公司占比逐年提升，2011 年只有 7.14% 的借壳方公司属于新兴产业，而 2019 年上半年时，这一比重已达到 75.00%（见图 2－2）。

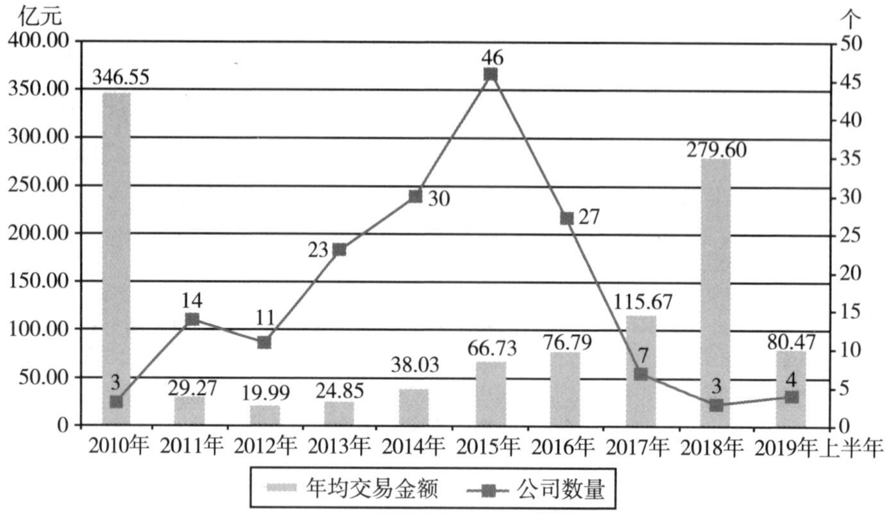

图 2－1　2010～2019 年上半年重组上市规模情况

资料来源:根据 Wind 数据整理而成。

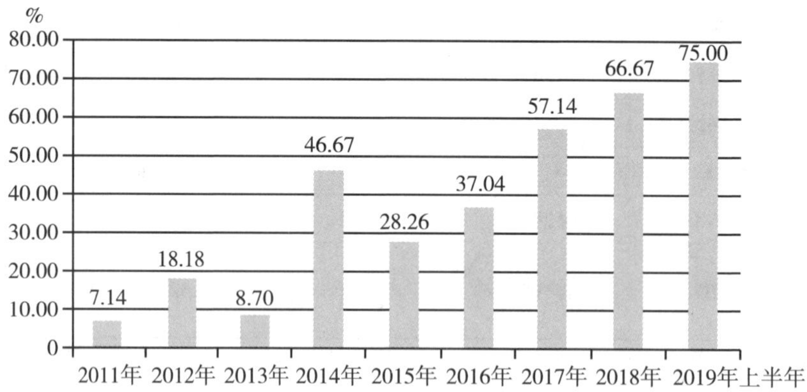

图 2－2　2011～2019 年上半年重组上市公司新兴产业占比情况

资料来源:根据 Wind 数据整理而成。

2. 杠杆与壳费用蕴藏风险

一是杠杆融资可能会给上市公司带来重组后股权结构稳定性风险和流动性风险。二是原控股股东及其实际控制人为变现壳费用可能存在放松对置入资产把关的道德风险。三是重组双方私下约定壳费用可能会导致交易不透明和违规风险。四是高昂壳费用和融资成本可能会诱发新控股股东重组后掏空风险。

3. 题材效应诱发违规交易

借壳通常被中小投资者认为是利好题材,这种预期会推高这些上市公司股价,根据 Wind 数据库的统计数据,2011～2018 年上市公司首次披露借壳信息后的 1 年间股价相对上证综指涨幅均值为 11.76%。借壳周期较长,通常超过 8 个月。估值高企的预期和较长的操作周期给违规交易行为提供了“温床”。赤峰黄金借壳 ST 宝龙中的内幕交易、奔腾集团虚假借壳中的市场操纵就是典型的例子。

（五）基于重组双方关联关系的剖面分析

1. 利用重组操纵利润

一些绩差的上市公司,出于保壳需求,把与控股股东及其关联方的重大资产重组作为操纵利润、扭亏为盈的重要手段。通过高价卖出质量不佳资产和低价买入优质资产等非公允关联交易,实现公司虚假的业绩繁荣的绩优形象。

2. 利用重组实施掏空

较高的股权集中度使部分上市公司控股股东及实际控制人更便于通过向关联方高买低卖资产方式,将属于上市公司全体股东的经济利益违规转至上市公司体外。这种“隧道效应”对中小投资者权益造成了较大的损害。

3. 信息披露较不规范

部分上市公司对关联方信息披露不完整、不准确,对关联交易所涉及的资产评估信息的披露不规范,或通过关联关系非关联化等方式掩藏真实交易情况,从而误导投资者决策。

（六）基于重组方案终止的剖面分析

1. 重组终止数量可观

2011～2018 年,每年终止的重大资产重组数量与同年完成的重大资产重组数量之比约为 0.4（见图 2－3）。终止的重大资产重组在标的规模上总体小于同期完成的重大资产重组,约为后者的 0.78;而估值水平则总体高于同期完成的重大资产重组,观察期间市盈率和市净率均值超过后者 50% 以上（见图 2－4 至图 2－6）。

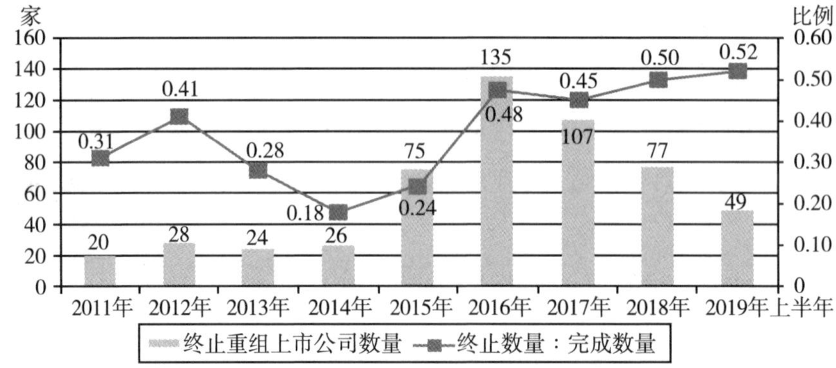

图 2－3　2011～2019 年上半年重大资产重组终止情况

资料来源：根据 Wind 数据整理而成。

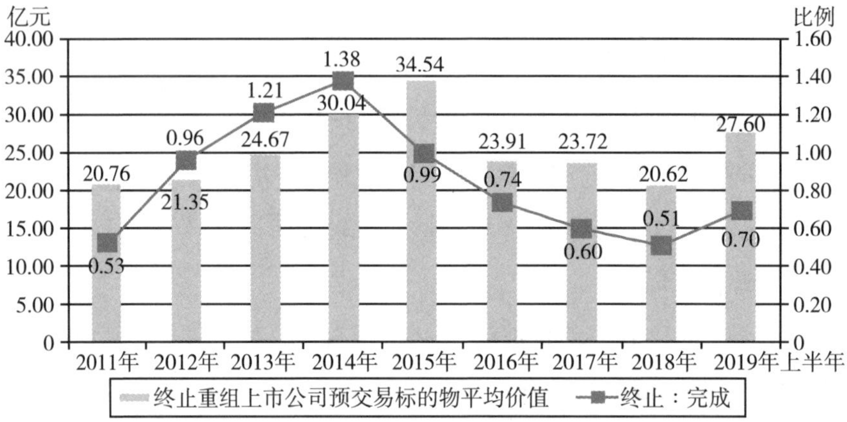

图 2－4　2011～2019 年上半年终止重大资产重组上市公司估值情况

资料来源：根据 Wind 数据整理而成。

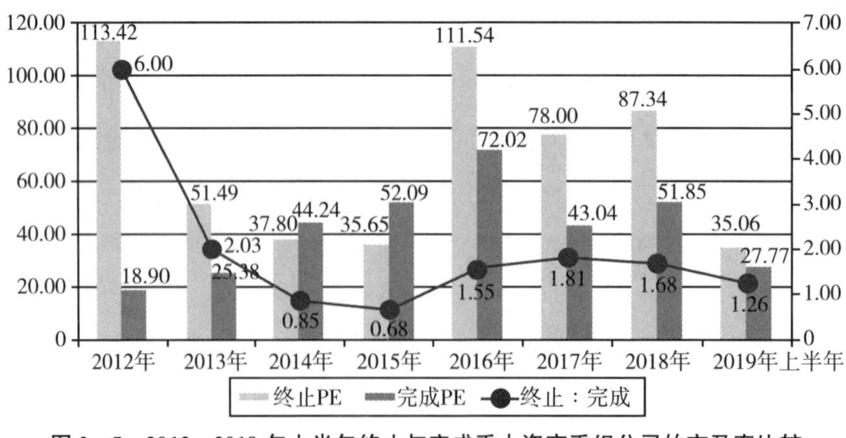

图 2－5　2012～2019 年上半年终止与完成重大资产重组公司的市盈率比较

资料来源：根据 Wind 数据整理而成。

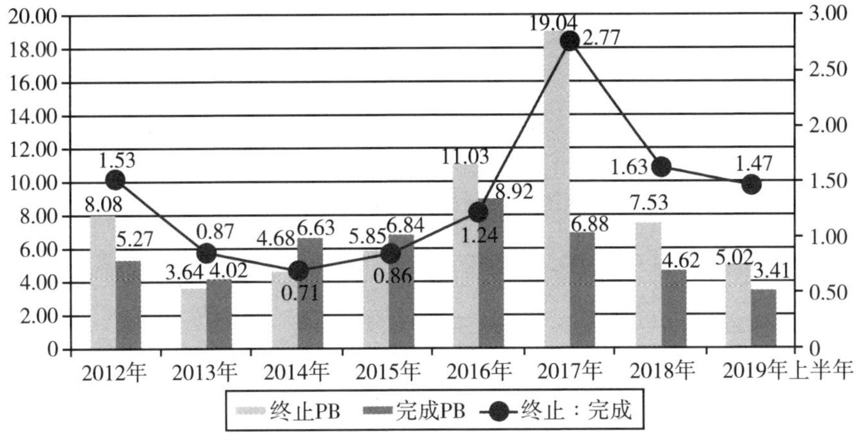

图 2－6　2012～2019 年上半年终止与完成重大资产重组公司的市净率比较

资料来源：根据 Wind 数据整理而成。

2. 停牌用作管理市值

一些上市公司通过发布不实或不准确重组信息，或控制信息发布节奏等方式影响股价走势。2015 年 5 月随着 A 股股指急速下跌，随后出现了上市公司大面积股票停牌现象，2015 年 6 月末及 12 月末，两市因重大资产重组为由停牌的公司数量分别占到全部停牌公司数量的 30% 和 70%。随着大股东及董监高人员减持规制趋严，重大资产重组还被用作护航董监高减持的工具。以徐甲案为例，2010～2015 年，徐甲单独或伙同他人，与部分上市公司董事长或实际控制人合谋，择机发布重大资产重组等利好消息配合二级市场操纵，以掩护部分股东减持。①

三、重大资产重组中侵害中小投资者权益的主要方式及机理分析

价值创造的商业逻辑、追求协同效应的产业逻辑是重大资产重组的内驱动力。商业逻辑构成资本市场资源有效配置的微观基础，其外化为充分博弈的交易行为，而对于这一基本逻辑的偏离则构成了重大资产重组中各类异象产生的非常重要的原因。如图 2－7 所示，本部分将从动机、行为、损害、环境四个维度，对上市公司重

① 参见《纪律处分决定书[上海泽熙投资管理有限公司、上海泽熙资产管理中心（普通合伙）、徐甲、郑某某、徐乙]》，载中国证券投资基金业协会官网：http://www.amac.org.cn/xxgs/jlcf/392044.shtml，最后访问日期：2019 年 12 月 15 日。

大资产重组损害投资者权益的主要形式及其机理进行剖析。

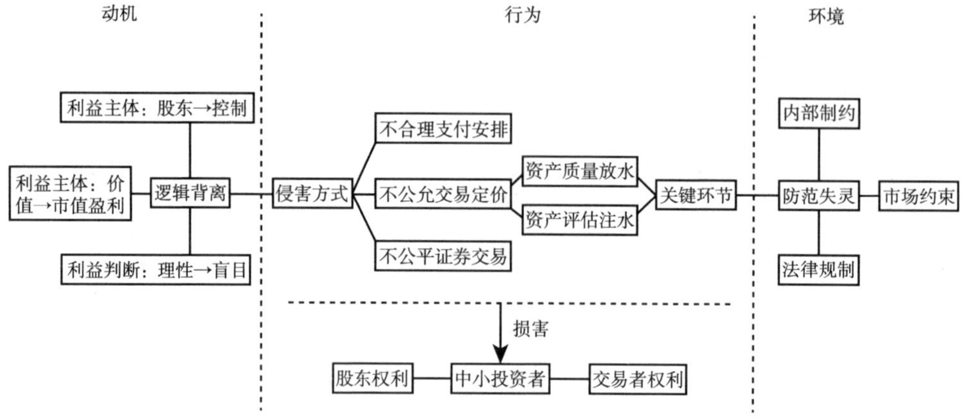

图 2－7　重大资产重组中侵害中小投资者的主要方式及机理分析框架

(一)侵害动机:商业逻辑的背离

1. 利益主体的偷换:从股东利益到控制人利益

一方面,控股股东,与上市公司具有利益趋同效应;另一方面,则具有利益侵占效应。上市公司重大资产重组的动机本应是为全体股东的价值创造,而在一些情形下重大资产重组的受益主体却由全体股东窄化为控股股东及其关联方,即控股股东通过关联交易或与资产提供方合谋,借助重大资产重组将原本属于上市公司的利益输送到上市公司体外。重大资产重组中最常见的利益输送方式就是对于资产的“高买低卖”。其高发领域主要是构成关联交易的重大资产重组,2014 年中安科发行股份购买其控股股东旗下中安消技术股权就是典型的案例。近年来,重大资产重组中的利益输送呈现如下新特点:一是隐蔽化,在重大资产重组中通过第三方过桥、体外培育等方式隐藏关联关系;通过化整为零规避重大资产重组标准,以逃避监管。二是共谋化,非关联的标的资产提供方也参与利益输送。三是复合化,利益输送与违法违规交易等行为交织。

2. 利益标准的演变:从价值创造到市值和盈余管理

遵循商业和产业逻辑的上市公司重大资产重组,是为了实现“1 + 1 > 2”的价值创造。然而,市场上出现了一些追求短期投机获利甚至违规的重大资产重组行为,主要体现在以下几个方面。

一是“市值管理”驱动。一些上市公司或其控股股东过度关注上市公司股价、市值,将重大资产重组作为市值管理手段,以实现提高公司股票或资产的担保能力,避免因触及市值退市的规定,[①]或是利用重组信息谋取违规交易获利目的。很多所谓的市值管理手段容易越过合规底线,演变为信息披露违规、内幕交易和操纵股价行为。

二是“盈余管理”驱动。一些上市公司将重大资产重组用作短效美化财务报表的手段。通过高价卖出资产或买入当年盈利丰厚资产等方式实现扭亏,以防止因连续亏损而被强制退市,或赢得融资资格或更佳融资条件。此类重组往往解决不了公司长期“造血”能力问题,本质是资源转移,而非价值创造。

3. 利益判断的偏差:从理性决策到盲从跟风

重大资产重组涉及企业命运,决策须理性审慎。而一些公司在重组决策中,或是盲目追逐热门行业热点资产,忽视未来产能过剩的可能性和行业波峰期过高的收购成本;或是忽视交易相关风险,未对标的资产进行充分尽调;或是轻视重组后续整合,由于专业性欠缺、管理和文化上的冲突,或高额业绩承诺下标的重组双方在公司经营方面的矛盾等问题,导致重组后整合失败。

(二)侵害方式:交易蕴藏的陷阱

1. 不公允资产定价对中小投资者权益的损害

不公允资产定价,是重大资产重组领域损害中小投资者权益的最主要形式。其包括直接损害和间接损害。直接损害发生在资产交易环节,高买低卖导致资产从上市公司的实际净流出。仅就置入资产而言,在非同一控制下,高溢价重组导致商誉泡沫形成,但在计提减值之前,其损害是隐性的;在同一控制下,高溢价重组导致资本公积、盈余公积这些归属于全体股东的权益被冲减。[②] 次生损害,是指在重组完成后,因标的资产真实业绩未达到业绩预测带来的上市公司资产或收益减损以及其他相关损害。在非同一控制下,置入资产定价过高的次生损害有三重:商誉减值导致上市公司净资产和营业利润的减少;业绩承诺不兑现导致或有对价落空;商誉减值被用作利润操纵手段。在同一控制下,业绩未达到预测水平的损害包括

---

① 参见《关于修改〈关于改革完善并严格实施上市公司退市制度的若干意见〉的决定》(2018)第3条第八项关于“公司股票连续20个交易日(不含停牌交易日)每日收盘价均低于股票面值的,证券交易所应当终止其上市交易”的规定。

② 参见曹晓风:《同一控制下企业合并会计处理方法之探析》,载《新会计》2013年第7期。

当期损益被冲减,以及业绩承诺不兑现导致或有对价落空。

2. 不合理支付安排对中小投资者权益的损害

部分上市公司出于海外并购、规避行政许可等考虑,选择采取贷款、债性私募产品等杠杆融资方式。高杠杆加大流动性风险,有必要关注利息负担能力和期限结构安排。此外,表外融资问题值得关注。在一些海外并购中,由母公司或关联公司过桥重组,一些上市公司则通过认购为上述重组设立的私募等产品的劣后级,或为上述融资提供担保等方式,承担重组失败风险。个别上市公司对于表外债务披露不规范。2019 年暴风集团的海外重组暴雷就是这类典型案例。

3. 不公平股票交易对中小投资者权益的损害

股票交易存在一定的零和博弈特征,交易的达成只是利益从一个交易方转移到另一个交易方。重大资产重组往往被认为对股价具有显著影响,成为违规交易行为的高发领域。就内幕交易而言,内幕信息知情人违反了保守内幕信息且不得运用内幕信息进行交易的法律和契约责任,使利益从"外部人"向"内部人"转移。2017 年和 2018 年被处罚的内幕交易案件中有 70% 左右与重大资产重组相关。就市场操纵而言,无论是传统型操纵还是近年来重大资产重组中多发的信息型操纵,都是对价格信号的扭曲,误导投资者的投资决策。

(三)关键环节:资产定价的魔术

评估是重大资产重组交易价格形成的最关键环节,而审计机构和法律服务机构的工作结果则为评估的开展提供了基础。[①] 考虑上市公司在绝大多数情况下的角色是资产购买方,因此,本部分主要是针对上市公司购买资产情况展开分析的。

1. 资产质量注水

在重大资产重组过程中,重组双方以及审计、法律服务等机构未能真实、准确、完整地反映标的资产质量,这埋下了资产高估值隐患。一是夸大标的资产盈利能力。体现为盈利情况不稳定,报告期净利润主要依赖非经常性损益等;盈利真实性存疑,报告期盈利与之前年度相比增幅过快,主营业务和税金与收入和利润不匹配,标的资产毛利率与同行业相比存在异常等;盈利可控性差,报告期标的资产主要收益并非来自主业经营收益而是来自投资收益等。二是掩饰标的资产风险瑕

① 参见胡晓明:《资产评估与审计关系的综述及思考》,载《中国资产评估》2011 年第 1 期。

疵。体现为掩盖其资产蕴藏的负债;未揭露合规及法律问题;淡化标的资产权属瑕疵;或未发现或披露权属存在争议或限制等。三是未关注资产独立性问题。体现为标的资产收入严重依赖关联交易;存在大额关联方占用或关联方担保;未就重组上市后与资产提供方的同业竞争问题作出合理安排。

2. 资产评估放水

资产评估是上市公司并购重组定价的主要依据。中国证监会网站相关数据显示,置入资产的评估中收益法评估增值水平最高,2018 年是基础资产法和市场法的 4 倍和 3 倍,且考虑置入资产是重大资产重组的多数情况,本部分主要探讨置入资产情况下收益法评估中的问题。一是评估假设不合实际。体现为假设与标的资产当前和未来可预期情况不符,与标的行业实际情况和发展环境不相符,用假设替代一些对企业未来经营有显著影响参数等。二是评估模型有缺陷。对于电信、媒体和科技(Telecommunication Media & Technology,TMT)等行业结构呈寡头特征、前期投入高且企业存活率低的行业,预测期业绩稳步增长和永续期假设可能缺乏依据。三是参数操纵有空间。业绩预测过于乐观且无合理解释,或业绩预测未考虑行业周期变化和产品技术经济使用寿命的影响,又或者对于成本增长情况作过低估算等;[①]折现率确认粗放,确认海外资产的市场风险和行业风险时未考虑国别因素;确认企业经营风险和财务风险缺少统一的标准和方法,基本依靠粗放判断。四是评估结果不合理。历史评估结果或不同评估方法取得的评估结果差异显著,且未能说明其合理性;评估报告与审计报告以及管理层讨论等文件在重要事项表述上缺乏逻辑一致性。五是评估机构执业不规范。评估程序执行有瑕疵,底稿不扎实,存在错算、漏算错误等。

此外,还有必要关注以下几点:一是在采取成本法情况下,存在重置成本的确定不规范,成新率的计算不符合实际,寿命期的确认较为粗糙等问题。二是在采取市场法情况下,存在可比对象可比性不高,没有考虑标的资产与可比对象之间在负债率、产品结构等方面的差异等问题。三是《重组办法》中允许重大资产重组中不聘请评估机构,而采取估值机构提供的估值报告情况,从实际情况来看,估值机构

---

① 参见 2013 年证券资产评估分析,载中国证监会网站:http://www. csrc. gov. cn/pub/newsite/kjb/gzdt/201505/t20150513_276780. html,最后访问日期:2019 年 12 月 15 日。

出具估值报告缺乏制度规制,程序执行规范性和底稿完善性问题值得关注。

(四)内外部环境:侵害防范的失灵

随着公司内部约束、市场约束、法律约束机制的不断夯实,其在重大资产重组领域对中小投资者权益保护的功能日益凸显。与此同时,有必要关注这一侵害防范体系还存在的如下局限。

1.内部制衡失效

由于我国上市公司股权高度集中,控股股东较易形成对股东会的压倒性优势和对董事会的绝对控制,这使很难在此两会层面阻止不利易于中小投资者的重大资产重组方案通过。在董事会层面,独立董事在选任上多受控股股东控制,也因此会在履职中受其影响,即便关联董事回避表决,重组议案也很少被否决。在股东会层面,由于控股股东会前拉票或向部分股东作出利益承诺,机构投资者对参与公司管理和议案研究投入精力较少,中小投资者网络投票参与度不高,即便在关联股东回避表决的情况下,也很少有重组议案被否决。

2.市场约束落空

一是重组双方博弈不充分。非市场化重组还在一定程度上存在,在借壳上市和整体上市中上市公司成为资产证券化通道,董事会、股东会缺乏担当全体股东“守门人”的动力;在市值管理式重组、盈余管理式重组中,上市公司则因无视标的资产价值,未能与资产提供方进行充分博弈。二是中介机构独立性不强。还是有个别中介机构根据目标交易价格倒推确定估值评估结果情况。[①] 这与中介机构的收费机制和薪酬机制设计相关,也可能与行业“金字塔”结构下大量底部机构的过度竞争相关。三是投资人偏好价差套利,而非追求长期价值投资,未能通过“用脚投票”使上市公司无法通过配套融资为不明智的重组募集重组资金。

3.法律规制欠缺

在制度方面,部分标的资产评估规则还相对原则,专业判断空间过大,滞后于实践;涉及上市公司重大资产重组的特殊评估和披露要求多属于软法,约束力有限。在监管方面,放松管制带来的工作任务量激增和监管方法的转换考验着监管

① 参见潘妙丽、张玮婷、程娅昊:《上市公司并购重组资产评估相关问题研究》,载上海证券交易所网站:http://www.sse.com.cn/aboutus/research/report/c/4306276.pdf,最后访问日期:2019年12月15日。

部门的监管适应能力。在司法方面,民事损害赔偿路径不通畅,证券违法行为民事责任的追究以行政处罚为前提;虽然当前针对证券行为的民事诉讼的证明标准有所降低,但中小投资者的取证能力较差。

四、加强重大资产重组中中小投资者保护的对策建议

在市场化改革加速推进、市场主体交易行为自由空间进一步扩大的背景下,为加强我国上市公司重大资产重组中的中小投资者保护,有必要秉持有利于实现“要建设一个规范、透明、开放、有活力、有韧性的资本市场”的长期目标,解决当前重大资产重组中的痛点、难点和堵点。

(一)治理重大资产重组中侵害中小投资者权益的突出问题

1. 加强对资产定价虚高的约束

秉持差异化监管理念,原则上将资产重组定价虚高列为监管的重点,通过提高违规行为查处概率加大违规成本期待值,从而引导重组相关方公允定价。一方面,强化高估值重组的信息披露监管。要求信息披露义务人充分披露估值参数选取情况、可比企业选取、估值计算过程等情况。[①] 另一方面,对高估值重组项目实施多渠道、高密度监管。重组审核部门从严审查“三高”方案;交易所通过问询提高信息披露充分性;监管部门强化对“三高”重组的现场检查覆盖;投服中心等投保专门机构充分利用新修订《证券法》赋予的法定权利,履行好诉讼代表人和持股行权职责,加大对评估等中介机构不当行为的曝光力度,共同引导标的估值回归合理水平。

2. 加大对业绩补偿承诺的规制

一是健全承诺履行保障。考虑引导承诺方提供履行担保,以保障如果无法兑现补偿所带给中小投资者带来的损失。对补偿存在争议的,探索建立基于担保物的业绩补偿先行支付制度,后期可通过诉讼方式解决争议处理。完善承诺期内承诺方股份质押制约机制,以防承诺方通过股份质押丧失补偿能力。二是完善业绩补偿承诺信息披露。完善重组承诺披露指引,对相关承诺应明确时间节点、责任主体、违约责任等重要内容;后期业绩承诺出现重大变化的,要及时发布提示公告;定

① 参见方重、武鹏:《商誉减值——上市公司的隐忧》,载《清华金融评论》2018 年第 8 期。

期报告中要真实、准确、完整披露承诺履行进度、方式,对不能履行承诺的要及时披露原因、解决方案及问责情况。三是发挥内生机制作用。进一步探索分类表决、回避表决、网络投票制度在重大承诺相关事项中的运用。对不履行承诺的,鼓励独立董事征集投票权,提请召开股东大会要求相关主体履行承诺,投服中心等机构向上市公司董事会、监事会及高级管理人员发函,督促治理层和管理层采取包括诉讼保全等有效措施督促承诺方履行补偿义务。四是加强业绩承诺履行监管,对"精准达标"完成业绩承诺的,尤其是承诺方为上市公司控股股东及其关联方的,要分析潜在的财务舞弊风险,对业绩真实性进行检查。五是加强承诺不履行法律责任和联合惩戒。用好用足新《证券法》关于不履行公开承诺的民事赔偿责任追究机制,促使相关方审慎作出承诺;将重组承诺不履行情况纳入并购重组分道制、再融资、信用评级、现场检查等行政许可、评级和日常监管中予以分类对待。对不履行补偿义务的,依法依规从严处理。

3. 健全对商誉减值的规范体系

一是规范减值信息披露。通过交易所问询等方式,要求上市公司充分披露商誉减值测试方法、计算过程等信息。二是加大商誉减值的监管。在年报监管中重点关注商誉减值计提及披露情况。加大对上市公司高商誉减值的检查力度,加大会计师事务所对商誉减值测试的审计力度,重点关注计提减值不充分、利用商誉减值"洗大澡"等盈余管理甚至财务造假问题。三是发挥内外部监督力量。当发生减值金额较大或对当期业绩造成重大影响时,可以要求独立董事发表意见或者注册会计师出具专项审计报告,以保证商誉减值的合理性和合规性,杜绝滥用会计估计甚至违反《企业会计准则》的情况发生。[①] 四是完善商誉会计处理。鉴于目前商誉减值和业绩补偿分别通过资产减值和营业收入科目影响当期损益,导致商誉减值金额大于上市公司实际损失,建议结合业绩承诺补充机制,研究商誉减值和业绩补偿的会计处理制度。同时,结合我国国情,可考虑将商誉减值方式改为"分期摊销+减值测试"相结合的可行性。

4. 强化对重组上市的督导力度

一是增加重组上市实际控制人的质量要求。目前,对重组上市及其控股股东、

① 参见魏星宇:《加强我国上市公司商誉减值管理的建议》,载《财务与会计》2019年第8期。

实际控制人并没有限制条件，故建议完善相关规则，限制或者不支持不具备实力、规范意识差的企业、个人成为上市公司的实控人，从源头上杜绝重组上市后公司质量的下降。二是明确原控股股东及实际控制人的法律责任。可以借鉴国外做法，明确规定原控股股东、实际控制人在发现重组方所提供资产的质量不实、不具备管理能力、有掠夺公司财产企图迹象情况下不得开展重组，并规定原控股股东未尽调查义务而造成上市公司损失的应负有赔偿损害的连带责任。三是完善重组上市信息披露制度并强化执行力度。充分有效披露重组方资金来源及合规性、股权质押安排、主营业务调整、重组方及实际控制人等信息。健全重组上市分阶段信息披露制度，保障中小投资者的知情权。四是严厉打击重组上市违法违规行为，尤其是严查附生效条件协议、保底投资收益、额外支付壳费等安排，以保护投资者知情权等权益。

5. 完善关联方重组的监督方式

一是完善关联交易相关规制体系。结合我国资本市场关联关系复杂、交易频繁、时间持久等特点，完善与关联交易相关的《企业会计准则》及信息披露规则体系，使我国上市公司重组关联交易更加规范化、透明化。二是强化关联交易监管。充分发挥交易所信息披露审阅作用，重点问询构成关联交易的重组资产估值、定价、业绩预测以及交易的商业逻辑；加大对不公允定价、决策程序瑕疵、关联关系非关联化等问题的监管力度，严惩通过重组关联交易操纵利润和侵害中小投资者利益。三是充分发挥注册会计师的作用。对关联交易采用严格的审计标准，以防止不当关联交易的出现。[①] 四是推进符合条件的上市公司整体上市，以实质重组、市场化重组为导向，以提高上市公司质量和维护全体股东特别是中小投资者利益为目标，力求解决同业竞争，减少关联交易。

（二）完善重大资产重组中中小投资者权益的综合保障体系

1. 促进内部治理作用的发挥

一是加强对上市公司重组相关关键人的约束。建立健全对控股股东、实际控制人的有效约束机制，制定上市公司控股股东、实际控制人及上市公司董事、监事、高级管理人员等行为规范指引。建立健全重组标的相关主体及其责任人的约束制

① 参见孟宪慧：《关联方资产重组存在的问题及对策探讨》，载《现代商贸工业》2007年第4期。

度。二是发挥机构投资者参与治理。出台机构投资者参与上市公司重大资产重组等重要行为治理的规则体系,鼓励支持机构投资者等专业机构参与上市公司治理,促进上市公司治理水平的提高。三是引导中小投资者参与治理。探索建立完善征集投票制度,研究针对中小投资者行使参与表决的分类表决机制,进一步增强中小投资者的话语权作用。① 四是加大中小投资者教育力度。加强对证券市场风险意识的宣传,引导中小投资者树立正确的投资理念,强化证券市场风险意识,增强自我保护能力。②

2. 强化中介机构的市场约束

一是完善中介机构执业规则。在财务顾问领域,《上市公司并购重组财务顾问业务管理办法》是2008年制定的,规定内容较为原则,建议以保荐制度为参考,强化财务顾问规则,尤其是在涉及重组上市、发行股票、关联交易方面强化执业要求,在标的资产业绩预测、交易定价和督导期内重组后的商誉减值等方面细化执业规定。在资产评估领域,《资产评估法》的出台和《评估执业准则》等的制定和完善在很大程度上解决了评估领域制度缺失的问题。但相关规定也较为原则,有待进一步通过自律规则等形式进行细化补充,使其执行标准更为清晰。与此同时,建议监管部门与相关行业协会共同促进评估等中介机构底稿的电子化和规范化。二是强化信息披露要求。虽然现行法规对中介机构信息披露提出了较为原则的要求,但较为笼统。建议由证券交易所通过自律规则形式细化中介机构信息披露要求,相关规则可考虑采取全程化信息披露规制思路,覆盖事前、事中、事后的披露要求;发挥自律规则的灵活性特点,及时根据实践中出现的问题进行更新和调整。三是发挥好持续督导作用。细化相关执业与信息披露要求,防止持续督导程序化、形式化。四是加大中介机构违法违规惩戒力度。加大对估值虚高、业绩承诺不履行和关联交易不公允等项目评估及审计机构的检查力度。建议加大中介机构重大资产重组执业质量现场检查制度,建立健全"黑名单"制度,实行机构人员"双罚制",对严重违法违规的中介机构和从业人员坚决实行"资格罚"。

---

① 参见安徽证监局:《提高非财报信息质量保障中小投资者知情权》,载人民网:http://finance.people.com.cn/stock/n/2014/0106/c67815-24030273.html,最后访问日期:2019年12月15日。

② 参见孙真珍:《上市公司重大资产重组中小投资者权益保护研究》,安徽大学法学院2018年硕士学位论文,第31页。

3. 提升监管体系的执法效能

当前,在重大资产重组规制中,监管(包括行政监管和自律监管)实际担当了主力角色。为顺应重大资产重组市场化趋势和注册制下监管任务、方法的转变,建议如下:一是强化重组停牌监管,进一步完善停牌制度,加强相关信息披露要求,强化相关问询和检查。二是加强重组后整合的监管。监管链条向重组后延伸,加强对重大资产重组整合进程和效果的披露,并强化中介机构在重大资产重组整合中的持续督导职责。三是强化内幕交易防控。持续关注上市公司内幕知情人制度实际执行情况的监督检查。四是进一步提高监管执法效率。进一步强化日常监管与稽查执法衔接、稽查执法与行政处罚的衔接、行政监管与司法审查的衔接,做到以稽查标准规范日常监管程序与证据标准,公安部门从快查处重大违法案件,推广行政和解机制落地生效,提升监管执法效率。

4. 强化证券侵权的多元救济

司法是保护投资者的最后一道屏障。其中,证券侵权求偿民事诉讼也是确保重组参与方违法成本真正实现的重要渠道。当前,我国司法资源短缺情况突出,证券侵权案件的审理专业性要求高、历时长,这就要求在强化证券侵权求偿诉讼的同时拓宽民事纠纷解决渠道。一是畅通司法救济渠道。改革当前我国证券违法行为民事责任的追究以行政处罚为受理或裁决前提的规定和实践惯例。在证券侵权损害赔偿领域用好代表人诉讼制度。提高证券领域纠纷解决的司法专业度,通过设立专门法庭、推广金融法院等方式提高审理效率。二是发挥专业调解作用。建议最高人民法院、监管部门和行业自律协会、投资者保护机构等联合推进上市公司与投资者之间纠纷调解,形成并不断完善各类纠纷的调解指引,推进专业调解的制度化进程,确保专业调解的规范性与严肃性。继续完善示范判决机制,在涉及重大资产重组等专业性强的证券民事纠纷处置中,可以在司法判决基础上,继续探索以专业调解补充现行民事司法救济。三是充分发挥专门保护机构作用。充分发挥投服中心等投资者保护机构代表人诉讼作用,在现有公益律师的基础上,充分发挥证监会系统公职律师的作用,进一步推行"追首恶"的诉讼理念,明确上市公司责任、股东责任和个人责任,防止上市公司受到"二次伤害"。投保专门机构要发挥新《证券法》赋予的职责,加大对重大资产重组中涉及的大股东侵害上市公司利益行为的追责力度,依法追究上市公司的控股股东、实际控制人、董事、监事、高级管理人员等"关键少数"的责任,实行"精准打击"、有效追责。进一步加大投资者保护机构与监管部门、专业调解机构、法院等信息共享、线索和诉求移送等方面协作机制。

5. 完善投资者保护相关法律法规

建议尽快制定资本市场投资者保护条例。加快完善新《证券法》规定的代表人诉讼等相关配套规则。完善重大资产重组方案异议股东的选择权机制。修订虚假陈述民事赔偿方面的司法解释,提高虚假陈述投资者赔偿的可操作性;制定内幕交易、操纵市场民事赔偿相关的司法解释,尽快解决内幕交易和操纵市场中小投资者民事赔偿的法律供给不足问题。探索将行政和解金优先用于投资者赔偿制度,设立投资者救济基金。推动修改相关法律,探索在证券领域将行政罚没款优先用于投资者赔偿和救济的制度。建立健全欺诈发行股票责令购回制度,为欺诈发行受损的中小投资者赔偿提供法律保障。

(三)围绕中小投资者保护构建重大资产重组风险识别体系

为准确识别、有效防范重大资产重组中的相关风险,保护中小投资者合法权益,本部分尝试建立一套风险因素识别体系。

1. 风险识别设计的原则

风险识别体系的设计坚持从维护中小投资者权益出发,秉持底线思维,尝试建立从动机到重组后续整合的全链条风险监控。运用财务与非财务指标,重点关注重组相关违法违规、异常、重大的情形与表现,从不同阶段和侧面捕捉风险因素及其变化。

2. 风险识别体系的构成

一是筛查疑似非商业逻辑重组。从行为动机入手,对利益输送、市值管理、盈余管理、盲目重组的动机及表现进行排查。二是识别重组构成及各环节风险。监测范围覆盖资产和支付两个方面,尤为关注重组上市等特殊重组情形。三是风险监测延续到重组完成之后,从资产整合、业绩及经营稳健性、商誉减值三个方面及时监测重组给上市公司带来的实际影响,结合前期风险因素综合判断重组是否存在不合法、不合理情形,并识别重大资产重组后续次生风险。四是充分收集并关注来自监管部门、自律组织等的有关重要信息,以及时、高效地发现风险。

3. 风险识别体系的运用

一是为中小投资者参与重大资产重组议案决策等权利行使提供参考。二是为监管部门和投服中心等投保机构精准识别重大资产重组风险提供系统化的风险研判参考。三是为研究者提供观察重大资产重组质量的一种视角和指标体系。

图书在版编目(CIP)数据

持股行权案例评析：2020年／郭文英主编. -- 北京：法律出版社，2020
ISBN 978-7-5197-5163-0

Ⅰ.①持… Ⅱ.①郭… Ⅲ.①投资者-权益保护-案例-中国 Ⅳ.①F832.48

中国版本图书馆CIP数据核字(2020)第232073号

持股行权案例评析(2020年)
CHIGU XINGQUAN ANLI PINGXI (2020 NIAN)

郭文英 主编

策划编辑 陈 妮
责任编辑 陈 妮 黄 筝
装帧设计 李 瞻

出版 法律出版社
总发行 中国法律图书有限公司
经销 新华书店
印刷 固安华明印业有限公司
责任校对 王晓萍
责任印制 吕亚莉

编辑统筹 法治与经济出版分社
开本 787毫米×1092毫米 1/16
印张 13.25
字数 222千
版本 2020年12月第1版
印次 2020年12月第1次印刷

法律出版社/北京市丰台区莲花池西里7号(100073)
网址/www.lawpress.com.cn
投稿邮箱/info@lawpress.com.cn
举报维权邮箱/jbwq@lawpress.com.cn
销售热线/400-660-8393
咨询电话/010-63939796

中国法律图书有限公司/北京市丰台区莲花池西里7号(100073)
全国各地中法图分、子公司销售电话：
统一销售客服/400-660-8393/6393
第一法律书店/010-83938432/8433　西安分公司/029-85330678　重庆分公司/023-67453036
上海分公司/021-62071639/1636　深圳分公司/0755-83072995

书号:ISBN 978-7-5197-5163-0
定价:68.00元